가슴 뛰는 교회론

가슴 뛰는
교회론

지은이 | 라원기
펴낸이 | 원성삼
표지 디자인 | 한영애
펴낸곳 | 예영커뮤니케이션
초판 1쇄 발행 | 2025년 10월 31일
등록일 | 1992년 3월 1일 제2-1349호
주소 | 03128 서울시 종로구 대학로3길 29, 313호(연지동, 한국교회100주년기념관)
전화 | (02) 766-8931
팩스 | (02) 766-8934
이메일 | jeyoung_shadow@naver.com
ISBN 979-11-89887-99-5 (03230)

본 저작물은 저작권법에 의하여 한국 내에서 보호를 받는 저작물이므로
무단 전재와 무단 복제를 금합니다.

값 14,000원

모든 인간은 하나님의 형상을 닮은 존귀한 존재입니다. 사람은 인종, 민족, 피부색, 문화, 언어에 관계없이 모두 다 존귀합니다. 예영커뮤니케이션은 이러한 정신에 근거해 모든 인간이 존귀한 삶을 사는 데 필요한 지식과 문화를 예수 그리스도의 사랑으로 보급함으로써 우리가 속한 사회에 기여하고자 합니다.

교회란 무엇인가에 대한 가장 성경적인 답변

가슴 뛰는 교회론

라원기 지음

추천의 글

　　　　　　　　　　교회에 대한 많은 담론들이 있지만, 정작 '교회란 무엇인가'라는 본질적인 질문에 깊이 묻고 답하는 것은 간과되곤 합니다. 『가슴 뛰는 교회론』은 이 질문 앞에서, 성경에 근거한 신학적 성찰과 함께 목회 현장의 경험을 담아낸 저서입니다.

　라원기 목사님은 교회를 단순한 제도나 장소가 아닌 하나님의 부르심을 따라 세워진 믿음의 공동체라 말합니다. 교회는 하나님의 나라가 이 땅에 임하는 통로이며, 예수 그리스도의 사랑이 구체적으로 드러나는 자리입니다. 이 책은 독자들로 하여금 자신이 하나님의 교회임을 되돌아보게 하며 공동체를 더욱 사랑하도록 이끌어 줍니다.

　『가슴 뛰는 교회론』은 교회에 대한 이해와 고민의 기준이 되며, 교회를 향한 하나님의 마음을 깨닫게 하는 길잡이가 될 것입니다. 이 책을 통해 더 많은 이들이 교회를 통한 하나님의 뜻을 알고 교회를 향한 부르심에 기쁨으로 응답하게 되기를 소망합니다.

이재훈 목사(온누리교회)

오랫동안 한동대학교에서 리더십을 가르치며 목회도 병행해 오신 라원기 목사님은 진실한 분입니다. 그래서 책이 알찹니다. 말씀과 함께 교회 생활의 실제적인 부분까지 이 책은 충실히 담아냈습니다.

코로나 이후 믿음이 무너지거나, 불편함에 대형 교회로 이동해 버린 분들도 많습니다. 라원기 목사님의 교회론을 통해 교회가 무엇인지 잘 이해하고, 예배가 바로 세워지고 제자 양육이 잘 되는 교회로 복귀하시기를 바랍니다.

이 책의 장점에 대해 설명해 보면 첫째, 교회의 본질을 성경적으로 설명하며 둘째, 재미있는 예화를 통해 딱딱한 주제를 쉽게 풀어주고 셋째, 존경받는 명사들의 어록으로 끝에 여운을 남깁니다. 저자가 쓴 마지막 글처럼, 이 책이 이름 없이 최선을 다해 목양하시는 목회자님들께 희망과 위로를 줄 수 있기를 기대해 봅니다.

김형민 목사(빛의자녀교회)

듣기만 해도 딱딱한 교회론을 초신자도 이해할 수 있게 쉬운 언어로 풀어낸 책입니다. 제목과 걸맞지 않게, 마치 소설책을 읽는 것처럼 쉽고 재미있게 읽힙니다.

교회란 무엇이며 어떤 의미를 지니고 있고, 우리가 어떤 마음을 가지고 교회를 다녀야 하는지에 대해 간결하면서도 명료한 답을 제시했습니다.

오늘날 한국 교회가 여러 가지 이유로 위기를 맞고 있는데, 이 책이 건강한 교회상을 세우는 데 크게 기여할 것으로 믿고 적극 추천합니다.

박세현 기자
(CTS 뉴스 앵커, 유튜브 채널 〈박세현의 크로스뷰〉 운영자)

목차

추천의 글 • 4
들어가는 말 • 8

1. 교회는 진리의 기둥과 터이다 • 13
2. 교회는 믿는 자들의 모임이다 • 29
3. 교회는 그리스도의 몸이다 • 45
4. 교회는 영적 가족이다 • 63
5. 교회는 구원의 방주이다 • 81
6. 교회는 거룩한 병원이다 • 101
7. 교회는 그리스도의 신부이다 • 121
8. 교회는 하나님의 군대이다 • 141
9. 교회는 비전 공동체이다 • 161
10. 교회는 예배 공동체이다 • 179

나가는 말 • 200
미주 • 203

들어가는 말

우리가 그리스도인이라면 한평생 교회와 분리될 수 없습니다. 천국 가는 그날까지 믿음이 흔들리지 않고 올바른 신앙의 길을 걸어가기 위해서는 교회의 도움이 절실히 필요합니다. 또한 함께 영적 교제를 나누며 힘이 되어 줄 수 있는 동역자를 얻을 수 있는 곳도 바로 교회입니다.

그런데 의외로 교회를 다니는 사람 가운데 교회가 무엇인지 모르고 다니는 경우가 많습니다. 교회의 중요성을 잘 모르게 되면 교회 중심의 신앙생활을 하지 않게 되고, 이는 건강하지 못한 신앙을 갖게 되는 결과로 나타납니다. 그러므로 성경적 관점에서 교회가 무엇인지를 정확하게 아는 것은 너무나 중요합니다.

물론 시중에 교회론에 관한 책들은 많이 있습니다. 하지만 대부분 딱딱한 내용으로 되어 있어서 일반 성도님들은 접근이 어려운 것 같습니다. 그래서 저는 이 책을 통하여 교회가 무엇인지에 대해 알기 쉽게 설명하고자 노력했습니다.

이를 위해 조직 신학적 관점으로 교회론을 논하기보다는 쉽게 피부에 와 닿을 수 있는 개념 중심으로 교회론을 정리해 보았습니다. 물론 그렇다고 제 임의대로 내용을 정리한 것은 아니고 철저히 성경을 중심으로 하여 교회론을 소개하였습니다.

물론 이 책에서 제가 소개하는 교회에 대한 정의가 성경적인 교회론을 온전히 다 설명한 것은 아닐 것입니다. 하지만 여기에 나오는 내용들을 잘 이해하면 교회가 무엇인지에 대한 핵심 개념들을 올바로 정립하는 데 큰 도움을 받을 수 있을 것으로 확신합니다.

저는 얼마 전에 전부터 알고 지내던 약사님으로부터 전화를 받았습니다. 이번 주에 교회에서 세례를 받기로 하셨다는 기쁜 소식이었습니다. 이 약사님은 10년 전에 제가 살던 동네 약국에서 만난 약사님인데, 이분을 전도한 지 10년 만에 이제 결실을 맺게 된 것입니다.

사실 처음 약사님을 전도하였을 때는 제가 목회하고 있는 교회로 인도하고 싶은 마음이 있었습니다. 하지만 저희 교회는 젊은 청년들로 이루어진 교회여서 중년의 약사님에게는 잘 맞지 않을 것 같았습니다. 또한 거리상의 문제도 있고, 약사님의 개인 사정도 있고 해서 교회 출석에 대한 권고를 차일피일 미루다 보니 약사님의 믿음이 자라지 않는 것입니다.

그러다가 문득 약사님을 저희 교회로 인도하려고 하기보다는 약사님 댁 근처에 있는 교회로 인도해 드리는 것이 더 좋을 것 같다는 생각이 들었습니다. 저로서는 전도의 열매를 얻지 못하는 아쉬움이 있었지만, 약사님의 신앙 성장을 위해서는 그것이 더 좋을 것 같다는 생각이 들었습니다. 그래서 약사님 댁 근처의 교회를 검색하여 알아보고 적당한 교회를 소개해 드렸습니다.

그랬더니 약사님이 교회에 잘 정착하고, 1년 만에 믿음이 부쩍 자라 성경을 일독하고 세례까지 받게 되신 것입니다. 이것을 보면서 한 사람의 믿음의 성장을 위해서 지역 교회가 얼마나 중요한 역할을 하는지 다시 한번 깊이 깨닫게 되었습니다.

요즘 교회에 대하여 이런저런 말들이 많지만, 그러나 교회는 여전히 하나님이 영혼을 구원하고 성장시키시는 데 있어서 최고로 중요한 기관이며, 하나님의 구속 사역의 중심에 위치하고 있음을 믿습니다.

오늘날 한국 교회가 위기라는 소리가 많이 들리는데, 이 책이 교회의 소중함을 다시금 일깨워 주어서 한국 교회에 수적인, 영적인 부흥이 일어나기를 소망합니다.

이를 위해 바쁘신 가운데도 이 책의 내용을 꼼꼼히 읽어 보시고 추천사를 써주신 온누리 교회 이재훈 목사님과 빛의자녀교회 김형민 목사님, 그리고 CTS의 박세현 기자님께 깊은 감사를 드립니다.

그리고 이 책이 나올 수 있도록 격려해 주시고 정성스럽게 출판해 주신 예영커뮤니케이션의 원성삼 대표님에게도 진심으로 감사를 드립니다.

부족하지만 이 책을 읽으시는 독자분들이 『가슴 뛰는 교회론』을 통하여 성경적 관점에서 올바른 교회론을 소유하시고, 주님의 몸 된 교회를 더 사랑하는 분들이 되어서 하나님이 주시는 축복을 더욱 풍성하게 받아 누리는 은혜가 있으시기를 간절히 소망합니다.

2025년 10월 관악산 끝자락에서
라원기 드림

1

교회는 진리의 기둥과 터이다

진리의 기둥과 터

성경은 교회를 여러 가지로 묘사하고 있는데 '교회란 무엇인가?'라고 질문했을 때 가장 먼저 생각해 볼 것은 교회는 '진리의 기둥과 터'라는 것입니다. 바울은 하나님의 집인 교회가 '살아 계신 하나님의 교회'이며 '진리의 기둥과 터'라고 이야기합니다.

> "만일 내가 지체하면 너로 하여금 하나님의 집에서 어떻게 행하여야 할지를 알게 하려 함이니 이 집은 살아 계신 하나님의 교회요 진리의 기둥과 터니라"(디모데전서 3:15).

터는 집을 지을 때 기초 공사로 들어가는 부분입니다. 기둥은 집을 세울 때 중심을 잡기 위해 쓰이는 것입니다. 그러므로 교회가 '진리의 터'라는 것은 교회는 진리의 기초를 잡아주는 역할을 한다는 것을 의미하고, 교회가 '진리의 기둥'이라는 것은 교회는 진리를 세워나가는 것, 즉 진리를 드러내고 전파하고 증거하는 일을 한다는 것을 의미합니다.

교회는 '진리의 터' 위에 서 있어야 합니다. 그래야 이단에 빠지지 않고 세상 풍조에 휩쓸리지 않을 수 있습니다. 그런데 오늘날의 문제는 교회 안에서 진리가 선포되지 않는 경우가 많이 있다는 것입니다. 교회에서 사람들이 듣고 싶어 하는 말만 하는 경향이 있기 때문입니다.

그러나 다른 것은 몰라도 교회가 진리를 선포하는 일만은 결코 양보해서는 안 됩니다. 그것은 교회의 가장 중요한 사명이며 교회의 존재 목적이기 때문입니다. 그렇다면 교회가 터로 삼고 기둥으로 삼아서 열심히 전해야 할 진리의 말씀은 무엇일까요?

"크도다 경건의 비밀이여, 그렇지 않다 하는 이 없도다 그는 육신으로 나타난 바 되시고 영으로 의롭다 하심을 받으시고 천사들에게 보이시고 만국에서 전파되시고 세상에서 믿은 바 되시고 영광 가운데서 올려지셨느니라"(디모데전서 3:16).

여기에 보면 교회가 전해야 할 진리의 말씀은 바로 '예수님'

에 관한 말씀이라는 사실을 알 수 있습니다. 왜냐하면 우리는 오직 예수님을 통해서만 구원을 받기 때문입니다. 그런데 바울은 이것을 '경건의 비밀'이라고 말합니다. 비밀이라는 것은 누군가가 가르쳐 주고 설명해 주지 않으면 알 수 없는 것입니다. 머리가 좋고 똑똑하다고 알 수 있는 것이 아닙니다.

요즘은 마음만 먹으면 성경을 언제든지 손쉽게 구해서 읽어 볼 수 있습니다. 심지어는 돈도 안 들이고 무료 앱으로 내려받아서 스마트 폰으로 읽을 수도 있습니다. 그것도 온갖 번역을 대조해 가면서 읽을 수 있습니다. 또한 유튜브에 들어가면 온갖 좋은 설교들이 홍수처럼 쏟아집니다. 서점에 가면 다양한 종류의 기독교 서적이 산더미처럼 쌓여 있습니다. 그러나 사람들은 여전히 구원의 방법을 알지 못해 방황합니다. 그 이유는 예수님에 관한 진리는 비밀에 속한 영역이기 때문입니다.

그래서 교회에서 자꾸 전하고 가르쳐 주어야 합니다. 그렇다면 예수님의 어떤 부분을 가르쳐 주어야 할까요? 그분이 고상한 도덕 선생님이었고 훌륭한 인격을 가진 분이었다고 하는 것을 가르치는 것이 아닙니다. 교회는 예수 그리스도의 '성육신', '십자가와 부활', 그리고 '승천'에 대해 가르쳐야 합니다.

첫째, '성육신의 비밀'입니다.

"그는 육신으로 나타난 바 되시고"라고 말씀하고 있습니다. 예수 그리스도께서 성육신하셔서 이 세상에 오셨다는 것입니다. 이것이 바로 예수님 안에 감춰져 있는 비밀입니다. 예수님은 겉으로 볼 때는 인간일 뿐입니다. 2,000년 전에 유대 땅에 태어나서 십자가에 못 박혀 죽은 평범한 목수에 불과하다고 느껴질 수도 있습니다.

그러나 그분은 보통 인간이 아니었습니다. 그분은 하나님이 인간이 되셔서 오신 분이었습니다. 이 사실을 알 수 있는 것이 바로 은혜입니다. 인간이신 예수 그리스도 속에 들어 있는 신성을 알아보는 것 그것이 바로 '경건의 비밀'인 것입니다.

인간으로 오신 하나님, 이것은 인류 역사에 획을 그은 놀라운 사건입니다. 그 이전에도 없었고 그 이후에도 없을 사건입니다. 그래서 사람들은 예수님이 오신 날을 기준으로 인류 역사를 새로 쓰게 된 것입니다. B.C.와 A.D., 즉 주전과 주후가 그렇게 해서 생겨난 것입니다.

그 결과 비록 예수님을 안 믿는 사람일지라도 대부분의 사람들은 예수님의 탄생을 기준으로 자기 생일을 계산하게 되었습니다. 그 이유는 예수님의 탄생은 이 땅에 하나님이 인간의 몸으로 오신 인류 역사 최대의 사건이기 때문입니다. 이 성육신 사건을 제대로 알고 믿기는 쉽지가 않습니다. 그래서 이것은 '경건의 비밀'에 속한 영역입니다. 교회는 이 놀라운 진리를 사람들에게 계속 가르쳐 주어야 합니다.

둘째, '십자가와 부활의 비밀'입니다.

"영으로 의롭다 하심을 받으시고, 천사들에게 보이시고"라고 말씀하고 있습니다. 이것은 바로 예수님께서 우리의 죄를 대신 지시기 위해 십자가에서 죽으셨지만 부활하셔서 의롭다 하심을 받았다는 것입니다. 그리고 천사들이 예수님이 부활하실 때, 그 사실을 목격했다는 것입니다. 이것이 바로 예수님 안에 감춰져 있는 또 하나의 비밀입니다.

예수 그리스도는 십자가 위에서 억울하게 죽었지만 그것은 자신의 죄로 인한 죽음이 아니었습니다. 우리의 죄를 대신 지시기 위한 의로운 죽음이었습니다. 이 사실을 확증시켜 주는 것이 바로 예수님의 부활 사건입니다. 예수님이 부활하심으로 예수님의 죽음은 자신의 죄로 인한 죽음이 아니라는 사실이 증명되었습니다.

그렇다면 이것은 우리에게 무슨 의미가 있습니까? 이것은 우리가 예수님의 죽음을 대속의 죽음으로 믿고 받아들일 수 있다는 것을 의미합니다. 즉 그분의 부활이 사실이라면 그분이 우리를 위해 죽으셨다는 말이 사실이 됩니다. 또한 십자가에 달린 예수 그리스도를 구세주로 믿고 받아들이면 죄 사함을 받고 영생을 얻는다는 성경의 주장도 사실이 됩니다. 이것이야말로 인류 구원의 열쇠를 쥐고 있는 놀라운 비밀이 아닐 수 없습니다. 그러므로 교회는 이 비밀을 열심히 전해야 합니다.

셋째, '승천의 비밀'입니다.

"영광 가운데 올려지셨느니라"라고 말씀하고 있습니다. 예수님께서 부활하신 뒤 하늘로 들려 올라가셨다는 것입니다. 다시 말하면 승천하셨다는 것입니다. 예수님이 하늘로 올라가셨다는 것은 예수님의 말씀대로 저 하늘나라에 천국이 있다는 사실을 의미합니다. 그리고 그분의 약속대로 우리도 장차 예수님이 계신 천국에서 영원히 살 수 있음을 의미합니다. 이 사실을 믿기가 힘들지만 예수님의 승천이 있기에 분명히 천국이 있음을 믿을 수 있습니다.

그러나 오늘날 대부분의 사람은 천국을 의식하지 않고 삽니다. 이 땅의 삶이 전부인 것으로 생각하며 살아갑니다. 그러므로 교회는 사람들에게 이 세상에서 살다가 죽는 것으로 끝나지 않고 그다음에는 영원한 천국과 지옥이 있다는 사실을 가르쳐야 합니다.

성경이 말하는 이 진리는 결코 어려운 진리가 아닙니다. 이 내용을 자세히 살펴보면 대부분 '사도신경의 신앙고백'과 일치하는 것을 알 수가 있습니다. 그래서 사도신경의 신앙고백만 제대로 할 수 있어도 이단에 빠지지 않는 것입니다. 교회는 '진리의 기둥과 터'이므로 교회는 학교와 같은 면이 있습니다. 그래서 자꾸 가르치고 배워야 합니다. 예수님도 제자들에게 무엇이라고 말씀하셨습니까?

"내가 너희에게 분부한 모든 것을 가르쳐 지키게 하라 볼지어다 내가 세상 끝날까지 너희와 항상 함께 있으리라 하시니라"(마태복음 28:20).

교회에는 가르침이 있어야 합니다. 그래서 교회 목회자에게 요구되는 가장 중요한 은사는 가르침의 은사입니다. 교육의 핵심 원리 중의 하나는 반복입니다. 이해할 때까지 계속 반복적으로 가르쳐야 합니다. 진리도 자꾸 반복적으로 가르쳐야 합니다. 당연히 알겠지 싶어도 자꾸 반복해서 가르쳐야 합니다. 다만 같은 내용이라도 지루하게 안 느껴지고 매번 신선하게 느껴지게 하는 것은 가르치는 사람의 능력입니다.

여러분이 교회에 다니게 되었다면 가르침의 시간에 빠지지 않도록 노력해야 합니다. 학교에서 수업에 자꾸 빠지는 사람이 공부를 잘하기는 어렵습니다. 교회에서 가르치는 진리의 말씀도 자꾸 들어야 합니다. 교회는 '진리의 기둥과 터'이기 때문에 교회라는 곳은 다녀도 되고 안 다녀도 되는 곳이 아닙니다. 가령 내가 어떤 동아리의 회원이라고 하면 좀 바쁘거나 다른 일이 있으면 거기에 그만 다녀도 됩니다. 그러나 교회라는 곳은 그렇지가 않습니다. 교회는 진리를 가르치는 곳이기 때문에 평생을 다녀야 합니다.

하지만 교회를 다니되 확실하게 진리를 선포하고 가르치는 교회를 다녀야 합니다. 사람이 많이 모이는 교회라고 무조건 믿고 따라가도 안 되고, 작은 교회라고 무조건 무시해도 안 됩니다. 중요한 것은 그 교회에서 올바른 진리가 선포되고 있느냐 하는 것입니다. 이것을 잘 살펴보고 교회를 다녀야 합니다.

진리의 중요성

그렇다면 교회는 왜 이렇게 열심히 진리를 전해야 할까요? 그것은 진리는 인생을 살아가는 데 있어서 너무나 중요한 것이기 때문입니다. 특별히 기독교의 복음이 진리라고 한다면 이는 가히 우리의 인생을 뒤집어 놓을만

한 중요한 내용을 가지고 있습니다.

　가령 하나님이 이 세상을 창조하셨다는 성경의 말씀이 진리라면 어떻게 됩니까? 그렇다면 내가 우연히 만들어진 존재가 아닌 것입니다. 그렇다면 나의 인생에는 분명한 의미와 목적이 있는 것입니다. 이 사실을 확신하게 되면 삶을 대하는 나의 태도는 완전히 달라질 수밖에 없습니다.
　또한 성경에 나오는 예수님의 십자가와 부활의 사건이 진리라면 어떻게 됩니까? 죽음을 대하는 나의 태도도 완전히 달라지게 됩니다. 죽음이 인생의 끝이 아니고 죽음 이후에 부활이 있다는 사실을 알게 된다면 죽음에 대한 두려움을 극복하게 되고 오히려 소망을 품게 됩니다.
　또한 영원의 세계가 있다는 사실을 확신하게 되면 어떻게 됩니까? 이 땅에서의 삶의 태도도 달라지게 됩니다. 지금 당장 주어지는 것을 누리는 것에 목적을 두기보다는 영원한 세계에서 누릴 영광에 초점을 맞추게 됩니다. 그렇게 볼 때 기독교의 진리는 나의 삶에 아주 직접적인 연관이 있습니다.

　성경은 과거에 기록되었지만 여전히 중요합니다. 그 이유는 성경 말씀은 진리이기 때문입니다. 진리는 불변하기 때문에 시대를 관통해서 지금도 유효합니다. 그러므로 진리는 나의 인생을 책임져 줄 수 있습니다. 예수님이 진리이기 때문에 기독교에서 말하는 진리는 추상적이고 철학적인 개념이 아니라 하나의 인격체입니다.

"예수께서 이르시되 내가 곧 길이요 진리요 생명이니 나로 말미암지 않고는 아버지께로 올 자가 없느니라"(요한복음 14:6).

예수님은 자신이 "길이요 진리요 생명"이라고 했습니다. 예수님 자신이 진리입니다. 그 이유는 예수님은 하나님이시기 때문입니다. 그런데 예수님은 자신이 진리라고 하면서 또한 '길'과 '생명'이라는 말씀도 하셨습니다.

진리인 예수님을 알게 되면 천국으로 가는 길뿐만 아니라 인생의 방향과 목적도 알 수 있기 때문에 진리를 아는 것은 곧 길을 아는 것입니다. 또한 진리이신 예수님을 알면 죽음의 문제를 극복하기 때문에 진리는 생명을 제공합니다. 그렇게 볼 때 진리가 너무나 중요하다는 사실을 알 수 있습니다.

문제는 오늘날 사람들이 진리에 관심이 없다는 것입니다. 왜냐하면 오늘날 사람들은 당장의 삶에 도움이 되는 것을 원하기 때문입니다. 이것이 바로 포스트모더니즘 시대의 특징입니다. 그래서 사람들은 진리보다는 위로에 관심이 많습니다. 무엇이 나를 위로해 주고 무엇이 나에게 즐거움을 줄 수 있는지에 더 많은 관심이 있습니다. 다음은 마이클 크루거가 한 말입니다.

"포스트모던주의자들에게 있어서 진리에 대한 기준은 무엇인가? 단지 도움이 되는가다. 포스트모던주의자는 모던주의자처럼 절대적 진리에 대해 관심이 없다. 그런 사람은 자신의 '진리'를 다음과 같이 훨씬 실용주의적인 관심을 통해 정의한다. 무엇이 나를 기분 좋게 하는가? 무엇이 내 문제를 해결하는가? 무엇이 날 매혹하는가?"[1]

그래서 교회도 진리를 가르치는 교회보다는 편안하게 예배드릴 수 있는 교회를 선호하며, 목사님의 설교도 신앙의 결단을 요구하는 메시지보다는 삶의 위로를 주고 긍정적인 에너지를 제공하는 메시지를 더 좋아합니다. 그러나 교회는 '진리의 기둥과 터'입니다. 그러므로 교회는 사람들에게 끊임없이 올바른 진리를 가르쳐 주어야 합니다. 물론 오늘날의 사람들이 잘 알아들을 수 있도록 지혜롭게 전해야 하지만, 진리 그 자체는 타협 없이 전해야 하는 것입니다.

진리를 따르는 길

이렇게 교회의 사명이 진리를 전하는 것이라면 교회 구성원인 그리스도인이 해야 할 일은 무엇입니까? 그것은 진리를 열심히 따르는 것입니다. 진리가 이토록 중요하다는 사실을 안다면 최선을 다하여 진리를 따라가야 합니다.

"형제들이 와서 네게 있는 진리를 증언하되 네가 진리 안에서 행한다 하니 내가 심히 기뻐하노라 내가 내 자녀들이 진리 안에서 행한다 함을 듣는 것보다 더 기쁜 일이 없도다"(요한삼서 1:3-4).

예수님을 믿게 되면 복 받기를 추구하기보다 깨달은 진리대로 순종하기 위해 노력해야 합니다. 내가 주님의 뜻 안에 있으면 축복은 자연스럽게 따라오기 때문입니다.

교회가 올바른 진리의 터와 기둥 위에 세워져야 하듯이 한 사람의 인생도 마찬가지입니다. 그 무엇보다 진리 위에 바로 서 있는 인생이 되어야 합니다. 이를 위해서 우리는 듣고 깨달은 진리대로 살기로 결단해야 합니다. 사람들은 이것을 부담스럽게 생각합니다. 그래서 진리를 마주하기 싫어합니다. 그러나 그것이 정말 진리라면 회피해서는 안 됩니다. 왜냐하면 진리를 피하게 되면 결국은 내가 그 진리를 인정할 수밖에 없는 자리에서 다시 만나게 되기 때문입니다. 그렇게 될 때 그 진리는 나를 자유롭게 하는 것이 아니라 나를 불행하고 당황스럽게 만듭니다.

많은 사람이 지옥이 있다는 사실을 무시합니다. 그러다 보니 자신을 영원한 지옥에서 건져 줄 구원자이신 예수 그리스도에 대해 들을 기회를 놓쳐 버립니다. 그 결과 나중에는 지옥에서 영원히 후회하게 됩니다. 사람들이 똑똑한 것 같아도 의외로 참 단순합니다. 그리고 영적인 일에 대해 무지합니다. 그래서 교회는 이 귀한 진리를 열심히 전해야 합니다. 그리고 이 진리를 듣는 사람은 진리를 따라 살아가기로 결단해야 합니다.

인생은 멀리 보아야 합니다. 당장은 교회에 갈 시간을 아껴서 자기 계발하면 더 좋을 것 같습니다. 교회에 낼 헌금을 아껴서 저축하면 재테크에 더 도움이 된다고 생각될 수 있습니다. 그러나 멀리 보면 그것이 꼭 성공이 아닐 수 있습니다. 하나님이 원하시지 않는 길로 가는데 그것이 어떻게 성공이 되고 축복이 되겠습니까?

하나님은 왜 진리를 전하는 사명을 교회에 맡겼을까요? 방송이나 신문 광고를 통해서 진리를 전하지 않고 왜 교회가 진리를 전하게 하셨을까요? 그것은 진리라는 것이 한두 마디로 쉽게 전달되는 것이 아니기 때문입니다. 진리란 것은 단순히 말로 전해지는 것이 아니라 삶을 통해 체험되어야 합니다.

그러므로 교회에 나와서 오랫동안 말씀을 듣고 깨달음을 얻어야 진리를 온전히 이해할 수 있습니다. 또한 교회에서 변화된 지체들을 꾸준히 지켜보는 가운데서 기독교의 진리의 실재성을 확신하게 되는 것입니다. 그래서 교회라는 곳이 필요한 것입니다. 끊임없이 진리란 무엇인가를 가르쳐 주고 보여 주기 위해 교회가 있어야 하는 것입니다.

진리를 알게 되는 것만큼 큰 축복은 없습니다. 사람들은 가끔 세상에서 잘 나가는 사람들을 보면 부러워합니다. 특히 돈 많은 사람들을 보면 부러워합니다. 하지만 그 사람들이 진리를 모른다면 그들은 너무나 불쌍한 사람들입니다. 마치 사막 한복판에서 길을 잃은 사람과 같습니다.

우리가 인생길을 살다가 진리를 발견하게 되었다면 이것이 얼마나 큰 축복인지 모릅니다. 그 깨닫기 힘든 진리를 내가 발견해서 진리대로 살게 되었다면 하늘의 큰 축복을 받은 것입니다.

거기에다가 진리를 제대로 전하는 교회를 만나고, 그 교회 안에서 진리대로 살려고 애쓰는 믿음의 동료들을 만나게 된다면 더 놀라운 축복을 받은 것입니다.

교회는 진리의 기둥과 터이기에 여러분이 출석하고 있는 교회가 '진리의 기둥과 터'에 세워진 교회인지 확인하는 것은 너무나 중요합니다. 여러분이 만약 그런 교회를 다니고 있다면 하나님의 큰 축복을 받은 것으로 알고 더욱 기쁨으로 교회를 섬기시기 바랍니다. 그러나 만약 여러분이 다니는 교회가 진리를 가르치는 교회가 아니라면 올바른 진리를 가르치는 교회를 반드시 찾으시기 바랍니다. 왜냐하면 진리는 죽느냐 사느냐의 문제이기 때문입니다.

"기독교 공동체는 어느 누구도 가지고 있지 않은 것을 제공할 수 있다. 바로 예수 그리스도와 성경 안에서 발견되는 진리다. 세상을 따라잡으려고 뛰어다닐 것이 아니라 세상이 줄 수 없는 하나밖에 없는 진리로 다시 돌아올 필요가 있다." _ 게리 길리

2

교회는 믿는 자들의 모임이다

교회는 건물이 아니다.

교회는 건물이 아니라 믿는 자들의 모임입니다. 바울은 고린도교회를 무엇이라고 정의합니까?

> "고린도에 있는 하나님의 교회 곧 그리스도 예수 안에서 거룩하여지고 성도라 부르심을 받은 자들과 또 각처에서 우리의 주 곧 그들과 우리의 주 되신 예수 그리스도의 이름을 부르는 모든 자들에게"(고린도전서 1:2).

여기서 '고린도에 있는 하나님의 교회'가 곧 고린도교회입니다. 그런데 이 고린도교회를 다른 말로 '그리스도 예수 안에서 거룩하여지고 성도라 부르심을 받은 자들'이라고 표현합니다. 이것은 교회를 건물이 아니라 믿는 자들의 모임으로 보는 것입니다.

사람들이 교회라고 하면 보통 머릿속에 가장 먼저 떠오르는 것이 무엇입니까? 십자가가 붙어있는 건물입니다. 그러나 사실 엄밀하게 말하면 십자가가 붙어있는 건물 자체는 예배를 드리기 위하여 사용하는 장소인 '예배당'일 뿐이지 성경이 말하는 개념의 교회가 아닙니다.

제가 교회가 건물이 아님을 강조하는 이유는 교회를 단지 건물로만 생각하고 건물에 매이게 되면 그 교회는 생명력이 없어지기 때문입니다. 유럽의 교회들을 보십시오. 그렇게 화려하게 건물을 지어 놓고도 지금 예배당은 텅텅 비어 있습니다. 왜냐하면 교회를 건물로만 이해하고 있었기 때문에 교회의 영향력이 건물 안에 제한되어 버렸기 때문입니다. 그러므로 다시 한번 강조하지만 성경은 '구원받은 사람들의 모임'이 바로 교회라고 말씀하고 있습니다.

만약 교회가 건물이었다면 예수님은 3년 동안 교회당을 멋지게 지었을 것입니다. 그러나 예수님은 오히려 헤롯 성전의 위용을 보고 감탄하는 제자들에게 그 성전이 무너질 것이라고 말씀하셨습니다. 예수님은 교회가 건물이 아니고 사람인 것을 알았기에 교회 성전을 짓지 않고 제자들을 열심히 키웠습니다.

실제로 교회 역사를 보면 초기 교회는 주로 가정에서 모여서 예배를 드렸습니다. 건물 중심으로 예배를 드린 것이 아니라 믿는 사람들의 무리가 중심이 되어서 교회를 형성한 것입니다. 그래서 우리가 교회라는 것을 생각할 때 자꾸 장소를 생각하면 안 되고 예수님 이름으로 모이는 성도 한 사람 한 사람을 생각해야 합니다. 이 사람들이 교회를 이루기 때문입니다. 이것이 바로 에베소서에서 말하는 성전의 개념입니다.

"너희는 사도들과 선지자들의 터 위에 세우심을 입은 자라 그리스도 예수께서 친히 모퉁잇돌이 되셨느니라 그의 안에서 건물마다 서로 연결하여 주 안에서 성전이 되어 가고 너희도 성령 안에서 하나님이 거하실 처소가 되기 위하여 그리스도 예수 안에서 함께 지어져 가느니라"(에베소서 2:20-22).

성경은 믿는 사람 한 사람 한 사람이 서로 연결되어서 주님의 성전을 세워간다고 말하고 있습니다. 그래서 교회는 건물이 아니라 나 자신이 교회인 것입니다.

제가 몇 년 전에 강화도에 집회를 하러 갔다가 우연히 교회 간판을 하나 보았습니다. 그런데 교회 간판이 〈내가 교회〉였습니다. 저는 깜짝 놀랐습니다. 정말 너무나 성경적인 교회 이름이라고 생각했습니다. 그런데 알고 보니 그곳 지명이 '내가'였습니다. '인천시 강화군 내가면'이었습니다. 그래도 교회 이름은 정말 너무 큰 은혜가 되었습니다.

여러분, 기억하십시오. 내가 바로 교회입니다. 그래서 내가 마음속에 어떤 교회상을 가지고 있는가 하는 것이 중요합니다. 이것은 내가 다니고 있는 교회의 건물이 어떻게 생겼는가 하는 것보다 더 중요합니다. 왜냐하면 내 마음속에 형성된 교회의 이미지가 결국 내가 다니는 교회의 진짜 모습을 결정하기 때문입니다. 교회는 믿는 사람들의 모임이기에 교회의 기원은 창세 전부터 시작됩니다.

"곧 창세 전에 그리스도 안에서 우리를 택하사 우리로 사랑 안에서 그 앞에 거룩하고 흠이 없게 하시려고 그 기쁘신 뜻대로 우리를 예정하사 예수 그리스도로 말미암아 자기의 아들들이 되게 하셨으니"(에베소서 1:4-5).

이것은 정말 놀라운 이야기입니다. 교회가 믿는 사람들의 모임이라면 하나님이 우리를 구원하시기로 작정하신 것이 창세 전이기에, 이미 그때부터 교회를 구성할 계획을 가지고 계셨던 것입니다. 그러므로 내가 몸 담고 있는 교회가 이렇게 영원 전부터 하나님의 마음속에 있었던 것이라는 사실을 생각한다면 교회에 대한 무한한 자부심을 가질 수밖에 없습니다.

모이는 교회

교회는 믿는 자들의 모임이기에 일단 교회에는 '모이는 교회'로서의 기능이 있습니다. 교회란 말의 뜻이 무엇입니까? 교회란 헬라어로 '에클레시아'라고 합니다. 이는 '불러서 모은 사람들'을 뜻합니다.

> "고린도에 있는 하나님의 교회 곧 그리스도 예수 안에서 거룩하여지고 성도라 부르심을 받은 자들과 또 각처에서 우리의 주 곧 그들과 우리의 주 되신 예수 그리스도의 이름을 부르는 모든 자들에게"(고린도전서 1:2).

우리는 '성도라 부르심을 받은 자들'입니다. 그러므로 '하나님께서 이 세상에서 불러 모은 사람들의 모임'이 바로 교회인 것입니다. 하나님이 이 죄 많은 세상에서 우리를 구원하시기 위해 불러 모아서 하나님의 자녀로 삼은 것입니다.

그래서 교회에는 건물이 필요합니다. 교회가 건물이 아니라고 해서 건물이 전혀 필요 없는 것은 아닙니다. 모이는 교회가 되기 위해서는 모일 수 있는 장소가 필요합니다. 그래서 예배당이 필요한 것입니다. 물론 예배당 자체는 교회가 아니지만 그래도 그 장소를 얻기까지는 성도들의 많은 헌신과 기도가 모아져야 합니다. 그래서 우리는 예배당을 소중히 여겨야 합니다.

하지만 건물 자체는 교회는 아니기 때문에 필요에 따라 좀 더 유연하게 생각할 수 있습니다. 카페를 빌려서 예배를 드릴 수도 있고, 학교 강당을 빌려서 예배를 드릴 수도 있는 것입니다. 중요한 것은 장소가 어디든 간에 하나님이 우리를 불러 모아 주셨다는 것입니다. 하나님을 만나기 전에는 의식하든 의식하지 않든 흑암과 어둠의 권세 아래 있었는데 이제 예수님을 믿게 되므로 하나님의 자녀로 신분이 바뀌게 된 것입니다. 이것이 큰 은혜입니다.

존 번연이 쓴 『천로역정』이라는 책이 있습니다. 그 책에 보면 '그리스도인'이라고 이름하는 한 사나이가 갑자기 고민에 빠집니다. 그는 아내도 있고 자녀도 있고 남이 보기에는 행복한 사람인데 어느 날 하나님의 책을 읽다가 갑자기 자신을 발견하게 됩니다. 그는 자신의 어깨 위에 엄청난 죄의 짐이 눌려 있다는 사실을 깨닫게 되고, 자기가 그토록 행복하게 지내던 이 세상이 언젠가는 멸망할 도성인 것을 깨닫습니다. 그래서 그는 신앙의 순례의 길을 떠나게 됩니다.

그런데 재미있는 것은 그가 살던 도시 이름이 '장망성'입니다. 번역을 참 재미있게 해 놓았는데 이 '장망성'이란 말의 뜻은 '장차 망할 성'이라는 뜻입니다. 여러분, 우리는 이 사실을 한시도 잊어서는 안 됩니다. 이 세상은 영원하지 않습니다. 성경에는 하나님께서 언젠가는 새 하늘과 새 땅을 주신다고 했습니다. 그러므로 이 세상이 아무리 화려해 보여도 '장차 망할 성'인 것입니다.

또한 '장망성'에는 이 세상이 망한다는 의미도 있지만, 이 세상에 빠져 세상의 쾌락에 취해 하나님을 모르고 살다가 죽으면 영원한 멸망인 지옥으로 떨어진다는 의미도 있습니다. 그러므로 인간에게 있어서 가장 중요한 문제는 주어진 생명이 다하기 전에 이 세상에 속한 어둠의 자녀에서 하나님의 자녀로 신분이 옮겨지는 것입니다. 이것은 오로지 예수 그리스도를 구세주로 받아들이는 것밖에는 방법이 없습니다.

내가 '하나님으로부터 성도라 부르심을 받은 자'인 것을 어떻게 알 수 있습니까? 방금 읽은 말씀에는 '우리의 주 되신 예수 그리스도의 이름을 부르는 모든 자들'이라는 표현이 나옵니다. 그러므로 '내가 하나님께 부르심 받은 자'인 것을 확인하기 위해서는 내가 '예수 그리스도의 이름을 부르는 사람'인가를 보면 알 수 있습니다. 성경은 다음과 같이 말합니다.

"누구든지 주의 이름을 부르는 자는 구원을 받으리라"(로마서 10:13).

그렇습니다. '하나님이 선택하여 부르신' 사람은 '주의 이름을 부르게' 되어 있습니다. 2,000년 전 유대 땅에 오신 하나님의 아들 예수 그리스도를 주님으로, 구세주로 부르게 되어 있습니다.

하나님께서 왜 우리를 불러내셨습니까? 그냥 놔두면 이 세상과 함께 멸망하기 때문입니다. 그러므로 하나님께서는 어떠한 수단과 방법을 통해서라도 택하신 백성은 반드시 불러내는 것입니다. 마치 소돔 성에 있던 롯을 천사가 강제로 끌어내었듯이, 이 세상에서 그대로 살고 있으면 이 세상과 함께 망하기 때문에 어떻게든 불러 내시는 것입니다.

그래서 우리가 알아야 할 사실은 우리가 그냥 쉽게 성도가 되는 것이 아니라는 것입니다. 하나님께서 사랑하시고 불러 주셨기에 이렇게 성도라고 불리는 자리에 나온 것입니다. 내가 똑똑하거나 잘났기 때문에 이 자리에 나온 것이 아닙니다. 하나님의 특별한 은혜와 부르심이 있었기 때문에 내가 이렇게 하나님 앞에 나올 수 있게 된 것입니다.

사람들이 구원에 대해 감사하지 않는 이유는 자신이 얻은 구원이 얼마나 소중한지를 잘 모르기 때문입니다. 죽어보기 전에는 구원의 은혜가 얼마나 큰지 잘 실감이 나지 않기 때문입니다. 그러나 복음의 가치를 알고 나면 하나님의 자녀가 된 것이 얼마나 감사한 일인지를 알게 됩니다.

생각해 보십시오. 만약 하나님께서 나를 불러 주시지 않았다면 어떻게 되었겠습니까? 꼼짝없이 영원한 멸망의 길로 갈 수밖에 없었을 것입니다. 그런데 하나님의 사랑이 나의 인생에 개입해서 이렇게 구원의 은혜를 입게 하셨으니 이처럼 큰 은혜와 사랑이 어디에 있겠습니까?

그러므로 하나님께서 세상 가운데서 불러 모으신 믿는 자들의 무리인 그리스도인은 이 하나님의 은혜를 감사하기 위해 매주일 같이 모여 예배를 드리며 하나님을 찬양해야 하는 것입니다. 이것이 바로 '모이는 교회'로서의 교회입니다.

흩어진 교회

하나님께서 '불러 모으시는 교회'가 있다면 '흩어진 교회'로서의 교회가 있습니다. 전 세계적으로 흩어진 유대인들을 '디아스포라'라고 합니다. 성경에 근거해서 보면 유대인들은 '하나님이 선택한 사람들'입니다. 그런 면에서 '모이는 교회'가 '에클레시아'로서의 교회라면 '흩어진 교회'는 '디아스포라'로서의 교회라고 할 수 있습니다. 그렇다면, '디아스포라' 즉 '흩어진 교회'로서의 교회는 무엇을 의미합니까? 그것은 믿는 성도들이 사회 곳곳에 흩어져서 그리스도의 향기를 드러내는 삶을 살아야 한다는 것을 의미합니다. 민들레 꽃씨는 바람에 날려서 퍼진다고 합니다. 즉 바람에 날려간 꽃씨는 떨어지는 곳마다 또 다른 민들레 꽃을 피움으로 민들레가 퍼져 나간다는 것입니다.

하나님께서는 성도들이 주일날 '모이는 교회'로 모여서 예배드리는 것을 기뻐하시지만, 또한 주중에는 세상 가운데서 '흩어진 교회'로 그리스도의 복음의 꽃을 피우기를 원하십니다. 여기에 대한 이해를 돕기 위해서 좀 더 자세히 설명해 보겠습니다. 조금 전에 교회는 '건물'이 아니고 '믿는 사람들의 모임'이라고 말씀드렸습니다.

그렇다면 우리가 주일날 어떤 특정 건물에서 교회로 모인다고 한다면 월요일에 교회는 어디에 있습니까? 여전히 특정 건물 안에 모여서 예배드리고 있습니까? 아닙니다. 각자 학교로, 직장으로 사방으로 흩어져 나갑니다. 왜냐하면 믿는 사람 한 사람 한 사람이 교회이기 때문입니다.

하나님께서는 우리가 주일날은 '모이는 교회'로서 특정 건물 안에서 예배드리기를 원하시지만, 주중에는 '흩어진 교회'로서 각자의 삶의 자리에서 예수 그리스도를 증거하는 삶을 살기를 원하십니다.

이것은 부활하신 예수님께서 제자들에게 하신 말씀에도 분명히 나와 있습니다. 예수님이 돌아가시자 제자들은 두려움에 사로잡혀 방문을 걸어 잠그고 있었습니다. 이때 예수님은 제자들에게 나타나서 다음과 같이 말씀하셨습니다.

"너희에게 평강이 있을지어다 아버지께서 나를 보내신 것 같이 나도 너희를 보내노라"(요한복음 20:21).

예수님께서는 부활하신 후 제자들과의 첫 만남에서 그들을 이 세상으로 파송한다는 말씀을 분명히 하셨습니다. 그리고 그 파송의 근거로 예수님께서도 하나님이 보내셔서 이 땅에 오셨다는 사실을 분명히 밝히고 계십니다. 그러므로 예수님의 제자 된 우리도 예수님의 이름으로 이 세상으로 다시 나아가야 하는 것입니다.

지금까지 한국 교회는 교회 안에서의 영성을 대단히 강조했습니다. 주일을 거룩하게 지키는 것, 십일조를 잘 내는 것, 교회 일에 열심을 내는 것 등을 대단히 중요하게 생각했습니다. 물론 이런 부분들은 지금도 중요합니다. 하나님께서 우리를 이 세상에서 불러내어 특정 교회를 통하여 하나님을 섬기게 하셨으므로, 본인이 섬기고 있는 교회를 힘 있고 건강한 교회로 만들기 위하여 여러 가지로 애쓰는 것은 대단히 중요한 일입니다.

그러나 문제는 과거의 한국 교회 목사님들은 교회 안에서의 신앙생활은 잘 가르쳤는데 세상 속에서 어떻게 살아야 하는가를 가르치는 데에는 소홀한 면이 있었다는 것입니다. '모이는 교회'로서의 교회 이해는 분명했는데 '흩어진 교회'로서의 교회 이해는 부족했다는 것입니다. 그 결과 교회와 세상을 너무 거룩하고 속된 것으로 구분하여, 교회 내에서는 영향력이 있지만 세상에는 아무런 영적인 영향을 못 미치는 나약한 그리스도인들을 만들어 내게 된 것입니다.

그래서 어떤 외국 신학자는 한국 교회는 '눈뜬 영성'을 개발하여야 할 필요가 있다고 말했습니다. 무슨 말이냐 하면 한국 교회 교인들은 교회에서 눈 감고 기도할 때는 영성이 있어 보이는데 사회에 나가서 눈뜨고 사회생활 할 때는 별로 영성이 안 느껴진다는 것입니다.

저는 이러한 지적을 새겨들어야 한다고 생각합니다. 눈을 감고 기도할 때뿐만 아니라, 평상시 사회생활에서도 예수님의 향기를 풍기는 눈뜬 영성에 대하여 우리 그리스도인들이 고민할 필요가 있다고 생각합니다. 교회에서의 신앙생활하는 모습하고 주중에 사회에 나가서 신앙생활하는 모습이 판이하게 달라서는 그리스도를 바로 증거할 수가 없기 때문입니다.

물론 이 험하고 삭막한 세상에서 그리스도를 위하여 빛과 소금의 삶을 사는 것은 결코 쉬운 일이 아닙니다. 그래서 결단이 필요합니다. 처음 교회에 나왔을 때 과감하게 세상을 박차고 주님께로 나아왔던 것과 마찬가지로, 이제는 주님의 사랑을 전하기 위하여 과감하게 세상 속으로 흩어져 들어가고자 하는 결단이 필요합니다.

성도에게 있어서 구원은 종착점이 아닙니다. 디딤돌입니다. 구원은 받았지만 아직 천국에 가지는 않았습니다. 이 땅에서 해야 할 일이 있습니다. 하나님이 주신 사명이 있는 것입니다. 그러므로 구원을 받았다고 이야기할 때는 "무엇으로부터 구원을 받았는가?" 하는 것도 중요하지만 "무엇을 위해 구원을 받았는가?" 하는 것도 생각해야 합니다.

성경은 예수 그리스도를 통한 구원의 목적이 바로 "우리를 어두운 데서 불러내어서 놀라운 빛 가운데로 인도하신 하나님의 크신 은혜와 사랑"을 전파하게 하기 위해서라고 이야기하고 있습니다.

"그러나 너희는 택하신 족속이요 왕 같은 제사장들이요 거룩한 나라요 그의 소유가 된 백성이니 이는 너희를 어두운 데서 불러내어 그의 기이한 빛에 들어가게 하신 이의 아름다운 덕을 선포하게 하려 하심이라"(베드로전서 2:9).

하나님은 뜻이 있으셔서 저와 여러분을 구원하셨습니다. 그러므로 우리는 각자의 삶을 통해 어떻게 하나님의 뜻을 이루어 드릴 것인가를 깊이 고민해야 합니다. 주일에는 '모이는 교회'로 함께 주님을 높이고 찬양하지만, 주중에는 '흩어진 교회'로 어떻게 하면 삶의 자리에서 복음의 증인으로 살아갈 수 있을지를 고민해야 합니다. 이것이 하나님이 기뻐하시는 그리스도인의 모습입니다.

"교회는 말과 행위로 그 나라의 실체를 증언한다. 그분을 따르는 자들을 통해, 예수님의 사역과 성격은 세상에 전해진다. 구약 성경에서 이스라엘이 그 나라를 증언했던 것처럼 신약 성경에서는 교회가 그 나라를 증언한다."[2]
_ 마이크 어

3

교회는 그리스도의 몸이다

그리스도의 몸인 교회

교회는 그리스도의 몸이라는 사실을 기억해야 합니다. 이 세상에서 가장 소중한 분은 예수 그리스도입니다. 그러므로 교회가 그리스도의 몸이라는 것은 교회는 이 세상 그 무엇보다 중요한 존재라는 것을 의미합니다. 성경은 교회와 그리스도와의 관계에 대하여 다음과 같이 말합니다.

"교회는 그의 몸이니 만물 안에서 만물을 충만하게 하시는 이의 충만함이니라"(에베소서 1:23).

교회는 그리스도의 몸이며, 만물을 충만하게 하시는 분이 계신 곳입니다. 과거 2,000여 년 전 그리스도는 이 땅에 성육신하여 오셨습니다. 그리스도는 하나님이었지만 이 땅에 인간의 몸을 취하여 오셨습니다. 그 몸은 죄가 없는 거룩한 몸이었지만 너무나 심한 고난을 겪었습니다. 우리의 죄를 대신 지시기 위해 그리스도의 몸은 찢기고 상처를 입고 십자가에 못 박혔습니다.

그러나 하나님은 자신의 아들에게 고난 당하는 몸만 주신 것이 아니라 영광스러운 몸도 주셨습니다. 그 몸이 바로 교회입니다. 교회는 이제 부활하신 그리스도와 함께 모든 영광을 누리는 존재가 되었습니다.

"우리 가운데서 역사하시는 능력대로 우리가 구하거나 생각하는 모든 것에 더 넘치도록 능히 하실 이에게 교회 안에서와 그리스도 예수 안에서 영광이 대대로 영원무궁하기를 원하노라 아멘"(에베소서 3:20-21).

바울은 '교회 안에서'와 '그리스도 예수 안에서' 하나님의 영광이 '대대로 영원무궁할 것'을 기원합니다. 여기에 보면 교회와 그리스도가 동일시되고 있습니다. 교회가 바로 그리스도의 몸이기 때문입니다. 그러므로 교회는 앞으로 그리스도와 함께 영광을 누리게 될 것입니다.

세상 사람들은 모르는 교회의 비밀이 있습니다. 그것은 교회에 하나님의 놀라운 영광이 있다는 사실입니다. 때로는 교회의 연약함 때문에, 인간의 연약함 때문에 그것이 가려질 수도 있습니다. 그러나 교회 안에는 분명히 이 세상 어디에서도 찾아볼 수 없는 놀라운 하나님의 영광이 있습니다.

이 영광은 어떤 것과도 비교할 수 없습니다. 이 세상에 어떤 기관이나 단체가 한 영혼을 거듭나고 변화되게 만들 수 있겠습니까? 이 세상에 어떤 조직이 사람의 영혼을 구원시키고 그를 하나님의 자녀가 될 수 있도록 만들 수 있겠습니까? 그 어떤 위대한 나라나 정부도 할 수 없는 일입니다. 그런데 교회는 그 일을 합니다. 그러므로 교회가 참으로 영광스러운 것입니다.

성경은 교회가 그리스도의 몸이라는 사실을 분명히 말씀하고 있습니다. 예수님도 이 사실을 인정하셨습니다. 성경에 보면, 예수 그리스도께서 자신을 교회와 동일시하는 장면이 나옵니다. 사도 바울이 회심하기 전에 이름이 사울이었는데 그는 잘못된 열심으로 예수 그리스도를 믿는 사람들을 잡아 죽이는 일을 하였습니다. 어느 날 그가 다메섹에 많은 그리스도인이 모여 있다는 소식을 듣고 대제사장의 공문을 들고 말을 타고 달려갈 때 예수님께서 찬란한 빛 가운데 사울에게 나타나셨습니다. 그리고 이렇게 말씀하셨습니다.

"사울이 길을 가다가 다메섹에 가까이 이르더니 홀연히 하늘로부터 빛이 그를 둘러 비추는지라 땅에 엎드러져 들으매 소리가 있어 이르시되 사울아 사울아 네가 어찌하여 나를 박해하느냐 하시거늘 대답하되 주여 누구시니이까 이르시되 나는 네가 박해하는 예수라"(사도행전 9:3-5).

예수님은 자신과 교회를 동일시하셨습니다. 사실 사울이 박해했던 것은 예수님이 아니고 예수님의 이름을 믿는 교회였는데, 예수님은 그것을 자신을 박해하는 것과 동일하게 여기신 것입니다.

여기에 우리의 위로가 있습니다. 예수님은 당신의 이름으로 모인 당신의 백성들인 교회를 지금도 자신과 동일시하십니다. 그리하여 지금도 교회가 핍박받으면 같이 고통스러워하고, 교회가 영광을 받으면 같이 영광을 받으십니다. 이 얼마나 위로가 되는 말씀입니까?

그러므로 우리는 그리스도의 몸인 교회를 진정으로 아끼고 사랑해야 합니다. 사실상 그리스도의 몸인 교회를 사랑하지 않으면서 그리스도를 사랑한다고 하는 사람이 있다면 그는 엉터리입니다. 그리스도의 몸인 교회를 사랑하지 않는 사람이 어떻게 머리되신 그리스도를 사랑할 수가 있겠습니까? 그러므로 교회를 어떻게 대하는지를 보면 그가 그리스도를 사랑하는 사람인지 아닌지를 분명하게 알 수 있는 것입니다.

교회의 머리이신 그리스도

'교회가 그리스도의 몸'이라고 한다면 자연스럽게 '그리스도는 교회의 머리'가 된다는 사실을 알 수 있습니다. 그러므로 교회를 섬기는 사람은 교회의 주인이 예수 그리스도라는 사실을 늘 잊지 말아야 합니다. 오늘날 교회를 섬기면서도 하나님의 뜻을 무시하고 자신의 마음대로 교회를 움직이려고 하는 사람들이 있습니다. 그것은 너무나 잘못된 행동입니다. 교회는 그 어떤 경우에도 반드시 그리스도에게 복종해야 할 의무가 있습니다. 다음의 말씀을 보십시오.

"또 만물을 그의 발 아래에 복종하게 하시고 그를 만물 위에 교회의 머리로 삼으셨느니라"(에베소서 1:22).

예수 그리스도가 얼마나 위대한 분이신가 하면, 만물이 그분의 발 아래 복종하게 된다고 이야기합니다. 그런데 그리스도는 '만물 위에 교회의 머리'라고 이야기합니다. 이는 그리스도와 만물 사이에 교회가 있다는 것을 말해줍니다. 예수님은 교회를 통해 만물을 다스리십니다. 그러므로 이 땅에서 예수님의 다스림이 온전히 이루어지려면 그리스도의 몸인 교회가 머리이신 예수님께 제대로 복종해야 합니다.

오늘날 사람들은 이 세상이 타락했다고 이야기합니다. 물론 맞는 말입니다. 이 세상은 지금 하나님의 뜻에 어긋나게 돌아가고 있습니다. 그러나 이것은 이 세상의 잘못이기도 하지만 또 다른 관점에서 보면 교회의 잘못이기도 합니다.

오늘날 하나님의 다스림이 세상에서 온전히 나타나지 않는 이유는 그 중간에 있는 교회가 하나님의 뜻을 온전히 받들어 섬기지 못하기 때문입니다. 교회가 그리스도의 몸으로서 머리이신 그리스도의 뜻을 온전히 실천하지 못하기 때문에 이 세상에서 그리스도의 통치가 온전히 나타나지 못하고 있는 것입니다. 예수님이 가르쳐 주신 주기도문처럼 '하나님의 뜻이 하늘에서 이루어진 것 같이 땅에서도 이루어지기' 위해서는 교회가 주님의 명령을 온전히 받들어 섬겨야 합니다. 그런데 만약 이것이 제대로 되지 않는다면 하나님께서 얼마나 답답하시겠습니까?

몇 년 전 저는 왼쪽 발 복숭아뼈 있는 곳에 작은 혹이 하나 생겨서 발 전문 병원에서 수술을 한 적이 있습니다. 그때 참 신기한 경험을 했습니다. 수술하기 한 시간 전에 의사 선생님이 무릎 아래의 신경을 차단하는 주사를 놓아주었습니다.

물론 수술을 할 때 혹이 있는 부분에도 직접 마취를 하였지만, 그래도 더 안전하게 하려고 미리 발 쪽의 신경을 차단하는 주사를 놓은 것입니다. 그런데 정말 놀라웠습니다. 주사를 맞고 한 10분 정도 지나니까 발의 감각이 점점 없어지는 것입니다. 발을 만져 보았는데 마치 나무토막 같고 아무런 느낌이 없는 것입니다.

화장실에 가려고 일어서는데 왼쪽 발에는 전혀 힘을 줄 수가 없었습니다. 분명히 뼈와 근육은 그대로 있는데 신경을 마취시켜 놓으니까 머리에서 하는 저의 명령을 발이 전혀 알아듣지 못하는 것입니다. 분명히 내 몸인데 내 몸이 아닌 것처럼 느껴졌습니다. 그래서 마취가 안 풀릴까 봐 두려움까지 들었습니다. 하지만 다행히 수술 후 다음 날이 되니까 서서히 마취가 풀리기 시작했습니다.

이 경험을 하면서 저는 몸이 머리의 명령을 인식하지 못한다는 것이 얼마나 심각한 상황을 초래하는지 깨닫게 되었습니다. 그리고 전신마비 환자들의 고통도 깊이 이해가 되었습니다. 교회도 마찬가지입니다. 머리인 예수님이 하시는 말씀을 교회가 제대로 알아듣지 못하고 실천하지 못한다면 예수님이 얼마나 안타깝고 답답하시겠습니까?

그러므로 교회는 계속 고민하고 기도하고 생각해야 합니다. 우리 교회를 통한 하나님의 뜻이 무엇인지를 계속 물어보아야 합니다. 그리고 매 순간 말씀에 비추어 보아서 하나님의 뜻이 무엇인지 살펴보고, 기도를 통해 성령님의 인도하심을 받기 위해 노력해야 합니다.

우리가 잘 알듯이 몸과 머리는 절대로 떨어질 수 없습니다. 이와 마찬가지로 교회와 그리스도는 절대 떨어질 수가 없습니다. 만약 머리와 몸이 떨어지면 그것은 곧 죽음을 의미합니다. 이와 마찬가지로 교회가 그리스도와 분리된다면 그것은 곧 영적인 죽음을 의미합니다. 예수님께서는 이미 다음과 같이 말씀하셨습니다.

"나는 포도나무요 너희는 가지라 그가 내 안에, 내가 그 안에 거하면 사람이 열매를 많이 맺나니 나를 떠나서는 너희가 아무 것도 할 수 없음이라 사람이 내 안에 거하지 아니하면 가지처럼 밖에 버려져 마르나니 사람들이 그것을 모아다가 불에 던져 사르느니라"(요한복음 15:5-6).

머리이신 그리스도와의 연합이 가장 중요합니다. 머리가 없는 몸이 생명을 유지할 수 없듯이 머리 되신 그리스도를 인정하지 않는 교회는 오래갈 수 없습니다. 포도나무에서 떨어져 나간 가지가 금방 말라 버리듯이 예수 그리스도를 구세주로 고백하지 않는 교회는 생명력을 유지할 수 없습니다.

우리 개인의 삶도 마찬가지입니다. 예수님이 내 삶의 주관자가 되시고, 왕이 되시고, 머리가 되시고 나의 삶의 가장 중심에 있어야 합니다. 무슨 일을 하든지 주님의 뜻을 먼저 묻고 그분의 인도하심을 받아야 합니다.

그리고 그분의 몸인 교회에 늘 붙어 있어야 합니다. 사람들 가운데는 혼자 신앙생활하면 잘 할 것같이 교회를 떠나 믿음 생활하는 사람들이 있는데 그것은 정말 위험한 일입니다. 혼자 떨어져 있으면 영적 진액이 공급되지 않아 금방 말라 버리게 됩니다. 그리고 사탄의 공격에도 취약해지게 됩니다. 늑대는 양 무리에서 떨어져서 혼자 방황하는 양을 노립니다. 그러므로 그리스의 몸인 교회에 소속되고 머리이신 그분으로부터 능력과 은혜를 공급받는 것이 무엇보다 중요합니다.

그리스도가 하는 일을 하는 교회

교회가 예수 그리스도의 몸이라고 하는 말씀 속에는 '교회는 그리스도가 하는 일을 대신해야 한다'라는 의미가 들어가 있습니다. 이 세상에 예수 그리스도가 계셨을 때 그분은 많은 일을 하셨습니다. 특별히 예수님은 세 가지 일을 중점적으로 하셨는데 그것은 '가르치는 일'과 '말씀을 전하는 일'과 '사람을 치료하는 일'입니다.

"예수께서 온 갈릴리에 두루 다니사 그들의 회당에서 가르치시며 천국 복음을 전파하시며 백성 중의 모든 병과 모든 약한 것을 고치시니"(마태복음 4:23).

그래서 선교사님들이 선교지에 가면 이 세 가지를 잘하기 위해 학교와 교회와 병원을 세웁니다. 학교를 통해 가르치는 일을 하고, 교회를 통해 복음을 전파하고, 병원을 통해 연약한 사람들을 고칩니다. 오늘날 예수 그리스도는 이 땅에 몸으로 계시지 않습니다. 예수님은 이미 부활해서 하늘로 올라가셨습니다. 그렇다면 예수님이 하셨던 일을 누가 계속해야 합니까? 그것은 바로 교회가 해야 하는 것입니다. 교회는 그리스도의 몸이기에 그리스도가 이 땅에 몸으로 계시면 하실 일을 이제 교회가 계속해야 하는 것입니다.

이런 이야기가 있습니다. 프랑스의 어느 마을에 예수님의 조각상이 있었습니다. 그런데 전쟁 중에 폭탄이 떨어져 그 조각상이 심하게 부서지고 말았습니다. 이후 마을 사람들은 조각상의 조각들을 찾아서 다시 세우기로 했습니다. 그래서 흩어진 조각들을 다시 붙여 예수님의 조각상을 만들었는데 문제가 발생했습니다. 조각상의 양손을 발견할 수가 없었던 것입니다. 이 문제를 놓고 의논하는 중에 어떤 사람이 조각상의 받침대에 다음과 같은 말을 적어 놓자고 하였습니다. "나에게는 손이 없지만, 너희들에게는 손이 있다." 사람들은 이 제안을 기쁨으로 받아들였습니다.

이 예화가 우리에게 보여주는 교훈은 무엇입니까? 그것은 이제 예수님은 이 땅에 몸으로 계시지 않기 때문에 예수 그리스도를 믿는 우리가 그분이 몸으로 하셨던 일을 대신해야 한다는 것입니다. 이를 위해서 이 땅의 교회는 예수님이 하셨던 세 가지 사역, '가르치는 일'과 '말씀을 전하는 일'과 '사람을 치료하는 일'을 열심히 해야 합니다.

그리스도의 지체인 성도들

교회가 그리스도의 몸이라는 말 속에는 성도들 각자가 그리스도의 몸의 지체의 역할을 해야 한다는 의미가 들어가 있습니다. 성경은 다음과 같이 말합니다.

"너희는 그리스도의 몸이요 지체의 각 부분이라"(고린도전서 12:27).

몸에는 많은 지체가 있습니다. 그리고 이 지체는 모두 소중합니다. 손이 있고 발이 있고, 눈과 코와 귀가 있습니다. 또한 눈에 보이지는 않지만, 위나 심장이나 폐와 같은 장기들이 있습니다. 이와 마찬가지로 하나님께서는 그리스도의 몸에 다양한 지체들을 주셨습니다. 그래서 그리스도인들은 각자 주님의 몸 된 교회를 위해 다양한 은사와 직분을 가지고 섬기게 됩니다.

그러므로 각 사람은 하나님이 보시기에 너무나 소중한 존재입니다. 우리 몸의 지체 중에서 필요 없는 부분은 없습니다. 과거 의학이 발달하기 전에는 사람들은 맹장은 필요 없다고 생각했지만, 오늘날 사람들은 맹장이 해로운 세균과 싸우는 면역 기능의 역할을 담당한다는 사실을 알게 되었습니다.

이와 마찬가지로 주님의 몸 된 교회에도 필요 없는 지체는 단 한 사람도 없습니다. 그러므로 각자 자신을 그리스도 안에서 귀한 존재로 생각해야 합니다. 그리고 연약한 지체가 있으면 더 관심을 가지고 돌보아 주어야 합니다.

"그뿐 아니라 더 약하게 보이는 몸의 지체가 도리어 요긴하고 우리가 몸의 덜 귀히 여기는 그것들을 더욱 귀한 것들로 입혀 주며 우리의 아름답지 못한 지체는 더욱 아름다운 것을 얻느니라 그런즉 우리의 아름다운 지체는 그럴 필요가 없느니라 오직 하나님이 몸을 고르게 하여 부족한 지체에게 귀중함을 더하사 몸 가운데서 분쟁이 없고 오직 여러 지체가 서로 같이 돌보게 하셨느니라"(고린도전서 12:22-25).

우리 몸의 지체는 모두가 귀하기에 각각의 지체들을 귀하게 여기고 서로 도와주어야 합니다. 마찬가지로 예수 그리스도 안에서 한 지체로서 우리는 상대방을 더욱 아끼고 소중하게 생각해야 합니다. 때로는 약한 지체가 있을 수도 있습니다. 그러면 그 지체를 더욱 귀중하게 여기고 돌보아 주어야 합니다. 이것이 예수 그리스도 안에서 한 지체된 성도들이 마땅히 가져야 할 자세입니다.

몸의 모든 지체는 서로 연결되어 있기에, 한 지체가 아프면 다른 지체도 같이 아프고 힘들 수밖에 없습니다. 그러므로 다른 지체의 아픔이 곧 나의 아픔입니다. 그러므로 필요하면 한 지체가 다른 지체를 위해 희생하여 헌신하며 섬겨야 합니다.

저는 몇 년 전에 일산에 있는 〈한국기독실업인회〉에서 몇 주 동안 말씀을 전한 적이 있습니다. 이분들이 다 사업장에서 비즈니스를 하는 분들이기 때문에 모임 시간이 새벽 7시입니다. 그래서 일주일에 한 번씩 아침 일찍 모여 같이 예배를 드리고 아침 식사를 하고 사업장으로 가는 방식으로 모임을 가졌습니다.

제가 여기에 초청을 받아서 몇 주 설교를 하러 갔는데 차로 가기가 번거로워서 지하철로 갔습니다. 제가 지하철 첫차를 타고 가면 픽업해 주는 분이 나와서 저를 모임 장소로 데려다주었습니다. 그래서 제가 말씀을 전하는 데 큰 어려움이 없었습니다.

이렇게 해서 몇 주 동안 말씀을 전하다 보니 저를 픽업해 주시는 분과 친해졌습니다. 이분도 사업을 하는 분인데 열심이 대단하였습니다. 그래서 제가 모태신앙이시냐고 물어보았더니 이분이 잠시 자기 간증을 나누어 주었습니다.

이분이 원래 모태신앙이고 집안이 다 예수님을 믿는데 고등

학교 다닐 때 하나님을 떠나 방황한 적이 있었다고 합니다. 개인적으로 몇 가지 시험 드는 일이 있어 교회를 떠나 방황하니까 집안에서 난리가 났다고 합니다. 하나님을 떠나면 안 된다고 주위에서 자꾸 이야기하니까 오히려 반항심이 더 생겨서 불교 서적을 사다가 집에 가져다 놓고 불교가 더 좋은 것 같으니 불교로 가겠다고 하면서 반항하였습니다.

그러다가 방학 때 아버님 공장에 가서 일을 도와주다가 오른손 엄지 손가락이 날아가 버리는 사고를 당하였습니다. 그래서 병원에 몇 달 누워 있었는데 처음에는 귀찮을 정도로 사람들이 많이 찾아 왔다고 합니다. 워낙 사람 만나는 것을 좋아하고 친구들을 좋아해서 주위에 사람들이 많았다고 합니다. 그런데 그것도 하루 이틀이지 몇 달을 누워 있다 보니 나중에는 찾아오는 사람들이 없었습니다. 그래서 마음이 많이 허전했는데 과거에 다니던 교회 청년부 회원들만은 매주 끈질기게 찾아와 주었다고 합니다. 그들이 기도해 주고 하나님의 사랑을 나누어 주어서 결국 신앙으로 돌아올 수 있었다고 합니다.

제가 그 말을 듣고 순간적으로 운전하고 있는 집사님 손을 보았습니다. 그런데 오른손으로 기어도 넣고 핸들도 잡고 별문제가 없어 보였습니다. 손에 흉터는 있는데 그래도 괜찮아 보였습니다. 그래서 제가 "지금은 그래도 괜찮아 보이네요"라고 했더니 이분이 사실 자기 엄지손가락은 손가락이 아니고 발가락이라고 이야기하는 것입니다. 그래서 또 한 번 크게 놀랐습니다.

기계에 엄지손가락이 날아갔는데 도저히 봉합 수술이 안 되는 상황이었다는 것입니다. 그런데 엄지손가락이 없으면 일상생활이 너무 불편하니 의사 선생님이 "네 발가락 하나를 희생허서 엄지손가락을 살릴래?" 하고 물어보시더라는 것입니다.

그래서 발가락은 그래도 안 보이는 데 있고 아무래도 발보다는 손을 사용해야 할 일이 더 많기에 그렇게 하겠다고 했더니 엄지발가락을 떼서 엄지손가락 자리에 갖다 붙였다는 것입니다. 그래서 손이 거의 정상인처럼 기능하게 되었다는 것입니다.

이 이야기를 들으면서 저는 충격을 많이 받았습니다. 발가락으로 손가락을 만들어 붙이다니 정말 대단하다는 생각이 들었습니다. 손가락이 더 중요하니까 발가락이 희생한 것입니다. 이렇게 필요에 따라 나를 희생해서라도 상대방을 섬기는 것, 이것이 바로 한 몸을 이룬 지체들이 서로를 대하는 방식입니다. 이 얼마나 아름답고 고귀한 희생입니까? 성경은 다음과 같이 말합니다.

"만일 한 지체가 고통을 받으면 모든 지체가 함께 고통을 받고 한 지체가 영광을 얻으면 모든 지체가 함께 즐거워하느니라 너희는 그리스도의 몸이요 지체의 각 부분이라"(고린도전서 12:26-27).

교회 안에서 누군가가 힘들어하면 같이 아파해야 합니다. 한 지체이기 때문입니다. 또한 누군가가 영광을 얻으면 모든 지체가 함께 즐거워해야 합니다. 그리스도 안에서 한 몸이기 때문입니다. 이렇게 서로를 대할 때 교회 안에는 연약하고 힘들어하는 지체를 위한 중보와 위로가 있고, 행복해하는 지체를 보며 함께 기뻐해 주는 감동이 있게 됩니다.

건강한 교회는 한 사람이 모든 것을 다하는 것이 아니라, 여러 사람이 다양한 은사를 가지고 각자의 맡은 자리에서 사명을 다합니다. "하나님 나라에는 실업자가 없다"라는 말이 있습니다. 하나님의 교회에서는 모든 사람이 할 일이 있습니다. 없는 것 같아도 잘 찾아보면 있습니다. 이 사실을 기억하며 각자 주님의 몸 된 교회에서 자신의 역할을 잘 감당하여 하나님께 영광 돌리는 사람이 되시기를 바랍니다.

"고립된 그리스도인은 마비된 그리스도인이다." _ 프레드 베비척

4

교회는 영적 가족이다

영적 가족인 이유

교회는 영적 가족입니다. 오늘날 대가족 제도가 사라지고 점점 1인 가구가 되어가는 이 시대에는 가족의 중요성이 더욱 부각됩니다. 아무리 많은 것을 소유하고 있어도 기쁨과 슬픔을 나눌 가족이 없다면 외롭습니다. 그런 면에서 볼 때 교회가 단순히 믿는 사람들의 모임이 아니라 예수 그리스도 안에서 '영적 가족'이 된다는 사실은 큰 위로가 됩니다. 에베소서 말씀을 보겠습니다.

"이는 그로 말미암아 우리 둘이 한 성령 안에서 아버지께 나아감을 얻게 하려 하심이라 그러므로 이제부터 너희는 외인도 아니요 나그네도 아니요 오직 성도들과 동일한 시민이요 하나님의 권속이라"(에베소서 2:18-19).

여기서 믿는 자들을 '하나님의 권속'이라고 말하고 있습니다. 권속이라는 말은 '한 집안의 가족'이라는 뜻입니다. 성도들은 예수 그리스도로 인하여 '하나님 집'의 한 가족이 되었습니다. 사람들이 흔히 하는 말 중에 "피는 물보다 진하다"라는 말이 있습니다. 이는 핏줄로 이루어진 혈연관계를 결코 무시할 수 없다는 의미입니다. 교회가 영적 가족이 될 수 있는 이유는 예수 그리스도의 피로 하나가 되었기 때문입니다.

"이제는 전에 멀리 있던 너희가 그리스도 예수 안에서 그리스도의 피로 가까워졌느니라"(에베소서 2:13).

예수 그리스도의 피가 그리스도인들을 한 가족으로 만들어 주었습니다. 이방인과 유대인도 한 가족으로 만들어 주었으며, 주인과 노예도 한 가족으로 만들어 주었고, 부자와 가난한 자도 한 가족으로 만들어 주었습니다. 그래서 교회에서는 전혀 핏줄이 섞이지 않았는데도 서로를 형제, 자매라고 부르게 됩니다.

아이가 태어나면 바로 그 순간 한 가정의 일원이 됩니다. 이와 마찬가지로 그리스도인도 예수님을 믿는 순간 '한 하나님'을 '아버지'로 모시게 되기 때문에 '한 가족'이 됩니다. 이렇게 우리를 한 가족으로 만들어 주시는 분이 바로 성령님이십니다.

"너희는 다시 무서워하는 종의 영을 받지 아니하고 양자의 영을 받았으므로 우리가 아빠 아버지라고 부르짖느니라"(로마서 8:15).

하나님의 영을 받은 사람은 하나님을 '아빠 아버지'라 부르게 됩니다. 눈에 보이지 않는 하나님이지만 하나님을 아버지라 부르는 것이 전혀 어색하지 않게 됩니다. 그리고 같은 믿음을 가진 그리스도인을 형제라고 부르게 됩니다. 이는 예수님이 먼저 우리를 당신의 형제로 여겨 주셨기 때문입니다.

"거룩하게 하시는 이와 거룩하게 함을 입은 자들이 다 한 근원에서 난지라 그러므로 형제라 부르시기를 부끄러워하지 아니하시고"(히브리서 2:11).

정말 너무나 감사한 일입니다. 우리 같은 죄인이 어떻게 감히 거룩하신 하나님 아버지의 가족이 되며, 예수 그리스도의 형제가 될 수 있겠습니까? 이는 오로지 하나님의 크신 사랑과 예수님의 십자가 희생으로 인해 가능하게 된 것입니다. 예수님의 피로 인해 하나가 되었기에 우리는 수많은 믿음의 가족을 얻게 된 것입니다. 우리나라 초대 교회 역사에는 교회가 영적으로 한 가족이라는 사실을 보여주는 놀라운 기록이 있습니다.

1890년대 후반 강화도 북단 '홍의 마을'에서 마을 훈장으로 있던 '박능일'이라는 사람이 복음을 받아들이고 서당을 예배당으로 삼아 교회를 시작하였습니다. 그러자 그 마을 사람들이 훈장님의 말씀을 따라 예수를 믿기 시작했습니다. 그런데 놀랍게도 사람들이 세례를 받을 때 자신들의 이름을 바꾸기 시작했습니다. 그들이 그리스도 안에서 새롭게 태어났기 때문에 새 이름을 가지는 것이 마땅하다고 생각한 것입니다. 그런데 이분들이 이름을 바꿀 때 한국의 전통 작명법을 따라 돌림자를 써서 개명했습니다. 성은 조상에게 물려 받은 것을 그대로 쓰고 돌림자로는 그들이 한날, 한시에, 함께, 하나가 되었다는 의미로 한 일(一)자를 써서 이름을 지었습니다.

이 과정에서 그들은 쪽지에 각각 믿을 신(信), 사랑 애(愛), 능력 능(能), 은혜 은(恩), 충성 충(忠) 같은 글자들을 적어서 이것을 주머니에 넣고 함께 기도한 후에 한 사람씩 쪽지를 꺼냈습니다. 그리하여 신(信)자가 뽑히면 신일, 능(能)자가 뽑히면 '능일' 하는 식으로 이름을 지은 것입니다. 그 결과 홍의 교회에는 박능일, 권신일, 김경일, 주광일, 장양일 등의 일(一)자 돌림의 이름들이 나오게 되었습니다. 이렇게 처음 믿은 홍의 마을 교인들은 모두 이름을 바꾸었고 족보에도 새 이름으로 올렸습니다. 이들의 영향으로 이같은 개명 현상은 전국적으로 퍼져 나갔습니다. 그래서 어떤 마을은 신(信) 자를 돌림자로 하여 방달신, 방도신, 서한신, 서풍신, 황초신 등이 나왔습니다.

그러는 가운데 문제가 생기게 되었습니다. 같은 집안의 아버지와 아들, 삼촌과 조카가 같은 날 세례를 받게 되는 경우가 생긴 것입니다. 이런 경우에도 그들도 예외 없이 세례를 받으면서 같은 돌림자로 이름을 지었습니다. 하지만 이것을 두고 믿지 않는 사람들이 말이 많았습니다. 왜냐하면 전통적으로 돌림자는 친족 간의 촌수와 항렬을 알려 주는 단서였기 때문입니다. 당시 사회는 상하 간의 서열이 분명하여 '윗대'의 돌림자를 '아랫대'에서 쓸 수 없었습니다. 하지만 교인들은 이런 것에 개의치 않았습니다. 그들은 자신들이 세속적으로는 부자간, 숙질간이라 할지라도 신앙적으로는 하나님의 같은 자녀이기 때문에 육적 질서가 아닌 영적 질서를 쫓아 이렇게 이름을 짓는 것이 마땅하다고 본 것입니다.[3]

족보와 서열을 생명처럼 여기는 당시 사회 풍습으로서는 이것은 상상도 할 수 없는 파격적인 행동이었습니다. 그러나 그들은 예수 그리스도 안에서 얻게 된 새로운 영적 가족의 질서를 더 중요하게 여겼기 때문에 과감하게 자신의 이름까지 바꾸고 이를 족보에 올리는 일까지 하였습니다.

왜 그렇게 했을까요? 그들은 예수 그리스도 안에서 그리스도인은 모두 한 가족이라고 여겼기 때문입니다. 같은 성령을 받았고, 똑같은 주의 이름으로 세례를 받았고, 한 하나님을 아버지로 모셨기 때문에 한 가족이라고 본 것입니다.

"몸이 하나요 성령도 한 분이시니 이와 같이 너희가 부르심의 한 소망 안에서 부르심을 받았느니라 주도 한 분이시요 믿음도 하나요 세례도 하나요 하나님도 한 분이시니 곧 만유의 아버지시라 만유 위에 계시고 만유를 통일하시고 만유 가운데 계시도다"(에베소서 4:4-6).

영적 가족이 되기 위한 자세

그리스도 안에서 우리가 영적 가족이라고 한다면 교회 안에서 서로를 어떻게 대해야 할까요?

서로 용납하고 돌봐 주어야 합니다.

교회 안에서 서로를 용납하고 돌봐 주어야 합니다. 가족이라고 하면 떠오르는 이미지는 용납, 사랑, 관심과 같은 것입니다. 가족끼리는 서로의 허물을 덮어 주고 용서해 줍니다. 교회 안에서도 마찬가지입니다. 교회가 믿는 사람들의 모임이라고 하더라도 인간이 모인 곳이기에 실수와 잘못이 있습니다.

그러나 그것이 하나님 앞에서 범죄가 아니라면 같은 교회 식구끼리 서로를 용서해 주고 용납해 주어야 합니다. 허물과 부족함이 있더라도 덮어 주어야 합니다. 그리고 영적으로 낙심한 사람은 없는지 늘 관심을 가지고 돌봐 주어야 합니다.

몇 년 전 어떤 선교 잡지에 나온 이야기입니다. 아프리카 산골 작은 마을에 복음이 들어와 대부분의 마을 사람이 예수님을 믿게 되었습니다. 그들은 선교사가 가르쳐준 대로 기도의 삶을 생활화하기 위해 마을에서 조금 떨어진 숲속에 자기들만의 기도처를 만들었습니다. 그리고 하루에 두 번 이상 그곳을 찾아가 기도했습니다.

그렇게 하다 보니 마을에서 기도처에 이르는 곳까지 여러 개의 기도 길이 생겼습니다. 마을 사람들은 그 길을 '기도 길'(prayer path) 혹은 '생명 길'(My life way)이라고 불렀습니다. 그런데 누군가가 기도를 게을리하면 그 기도 길에 풀이 자라나게 됩니다. 그러면 신앙의 친구가 그 사람을 조용히 찾아가 이렇게 말해준다고 합니다. "형제님의 기도 길에 풀이 많이 자랐어요." 그리고 며칠간 그 사람과 함께 그 길을 동행해 주어 기도가 회복될 수 있도록 도와준다는 것입니다.[4]

이 얼마나 아름다운 이야기입니까? 우리 안에도 이런 모습이 있어야 합니다. 누군가가 여러 가지 사정으로 영적 생활을 게을리할 때, 교회 출석을 등한히 할 때, 신앙의 열심을 보이지 않을 때 조용히 충고해 주고 영적으로 회복하도록 도와주어야 합니다. 교회는 영적 가족이기 때문에 믿음이 강한 지체가 믿음이 약한 지체를 도와주고 돌봐 주어야 합니다.

힘들 때 실제로 힘이 되어 주어야 합니다.

교회 안에서 힘들고 어려운 지체가 있으면 실제로 힘이 되어 주어야 합니다. 가족을 생각해 보십시오. 아버지가 고생하며 돈을 벌어와서 가정의 생활비로 지출할 것이 있으면 조금도 아까워하지 않고 사용합니다. 어머니가 맞벌이를 해서 돈을 벌어와서 아이들의 교육에 필요한 것이 있다고 하면 기꺼이 돈을 지출합니다. 이것이 가족입니다.

성경에 보면 초대 교회 교인들이 자신의 소유를 팔아서 가난한 사람들에게 나누어 주며 그들을 돌봐 주었던 것을 알 수가 있습니다. 이것은 그들이 모두 주님 안에서 한 가족이라고 생각했기에 가능한 일이었습니다. 이 세상에 하나님을 제외하면 물질만큼 소중한 것이 어디 있습니까? 그런데 물질을 아끼지 않고 내어줄 수 있는 것은 한 가족이 아니면 안 되는 일입니다.

가끔 보면 교회에서 힘든 사람이 있을 때 "기도 할께요"하고 끝내 버리는 경우가 많습니다. 그러나 그렇게 해서는 안 됩니다. 실제로 서로 나누고 베풀고 섬기는 가운데 그리스도의 사랑이 무르익어 가게 됩니다. 성경에 보면 바울이 구제 헌금을 열심히 모은 것을 볼 수 있습니다. 그는 교회의 덕을 위하여 자신의 사례비는 사양하였지만, 가난하고 힘든 교회 성도들을 돕기 위해서는 당당히 헌금을 요구하며 물질을 모았습니다. 그는 이방 교회의 구제 헌금을 모아서 직접 예루살렘 교회에 전달하기 위해 힘든 여행을 했습니다. 이를 통해 그리스도의 사랑을 실제로 나타내고자 한 것입니다. 교회 안에서도 한 가족으로서 힘든 지체가 있을 때 어떤 방식으로든지 구체적이고 실제적인 도움의 손길을 내밀어 주는 것이 필요합니다.

천국까지 같이 가야 합니다.

하나님께서 교회 안에서 믿음의 식구를 주신 이유는 천국까지 같이 가기 위함입니다. 이 땅에서 천국까지 가는 순례의 길은 결코 쉬운 길이 아닙니다. 이 길에는 거친 웅덩이도 있고, 가파른 절벽도 있고, 험난한 골짜기도 있습니다. 그러므로 자칫 잘못하면 믿음의 순례에서 낙오하기 쉽습니다.

믿음 생활을 하다 보면 시험에 들거나 유혹에 빠져서 믿음 생활을 그만두고 싶은 마음이 들 때가 있습니다. 이럴 때 바로 교회가 필요한 것입니다. 믿음의 식구들이 함께하며 버텨주기 때문에 서로를 의지해서 세속의 세찬 비바람을 뚫고 천국까지 순례의 길을 무사히 마칠 수 있는 것입니다.

미국 캘리포니아 북부에 레드우드 국립공원이 있는데 이곳은 세계에서 가장 키가 크고 장엄한 나무인 레드우드(미국삼나무)가 숲을 이루면서 공원을 뒤덮고 있습니다. 이곳의 삼나무는 크기와 역사가 대단합니다. 수령이 2,000년이 넘는 것도 있고 높이는 90m가 넘는 것도 있어서 자유의 여신상의 높이와 맞먹습니다. 그런데 의외로 강풍으로 인해 넘어지는 일은 잘 없습니다.
그래서 사람들은 이 나무들이 뿌리를 깊게 내리고 있으리라 생각했습니다. 그런데 막상 살펴보니 이 나무들의 뿌리는 1.5-1.8m밖에 되지 않았습니다. 하지만 이 나무들은 뿌리를 아래로 내리는 대신 옆으로 뻗어 옆에 있는 다른 나무의 뿌리를 붙잡습니다. 이렇게 해서 뿌리는 얕지만 서로를 단단히 지지해 주기 때문에 강풍에 쉽게 넘어가거나 날아가지 않는 것입니다.[5]

그리스도인들도 마찬가지입니다. 우리 각 사람은 연약합니다. 그러므로 이 세상의 유혹과 시험에 넘어지기 쉽습니다. 그래서 하나님께서는 교회라고 하는 영적 가족을 주신 것입니다. 삼나무가 서로 뿌리가 엉켜 거센 강풍을 이겨 내듯이 그리스도인들도 교회라는 영적 가족을 의지하여 천국까지 믿음의 순례를 무사히 마칠 수 있게 하기 위함입니다.

이를 위해 우리는 교회 성도들이 그저 오다가다 만난 사람들이 아니라 예수 그리스도 안에서 주님이 맺어주신, 피를 나눈 형제들보다 더 소중한 가족이라는 사실을 반드시 기억해야 합니다. 이를 위해 그리스도인은 교회 내의 소그룹 모임에 반드시 참여해야 합니다. 왜냐하면 소그룹 모임을 통해 성도들 간에 깊은 교제를 나누게 되고, 그리스도 안에서 돌봄을 받게 되기 때문입니다.

가정에서도 가족이라고 다 가족이 아닙니다. 서로 마음을 나눌 수 있어야 진정한 가족입니다. 만약 남편이 매일 밤늦게 들어와서 아내나 아이들하고 대화 한마디 없이 자고, 다음 날 아침 일찍 일어나서 출근해 버린다면 그것은 하숙생이지 가족이라고 할 수가 없는 것입니다. 진정으로 마음을 열고 기쁨과 슬픔을 같이 나누어야 그것이 진정한 가족입니다. 그러므로 교회에서도 소그룹 모임을 통하여 깊은 교제와 은혜를 나눌 수 있어야 진정한 영적 가족이 될 수 있습니다.

영원한 영적 가족

교회 식구들이 세상의 가족보다 더 가까운 영적 가족이 되어야 하는 이유는 언젠가는 천국에서 만나서 영원히 함께 살 사람들이기 때문입니다. 이 땅에서 가족이 소중한 이유는 그래도 인생에서 가장 끝까지 가는 사람이 가족이기 때문입니다. 친하게 지내는 친구도, 직장 동료나 학교 동창도 죽음의 순간까지 가주지는 못합니다. 그래도 그나마 우리 인생에서 마지막 순간까지 같이 있어 줄 존재는 가족입니다.

그러나 가족이 아무리 귀하고 소중해도 영원히 함께 하지는 못합니다. 죽음 앞에서는 결국 아무리 가까운 가족이라도 마지막 순간에는 헤어져야 합니다. 하지만 주님 안에서 하나 된 영적 가족은 그렇지 않습니다. 믿음의 식구들은 하나씩 둘씩 먼저 가더라도 천국에서 다시 만나 영원히 함께 살 것이기 때문입니다. 그러므로 영적 가족이 이 세상의 가족보다 훨씬 더 가깝고 소중한 가족이 되는 것입니다.

그러므로 예수 그리스도 안에서 한 가족이 되었다는 것은 보통 깊은 관계가 된 것이 아닙니다. 영원으로 이어지는 관계이기 때문에 혈육으로 맺어진 가족 간의 관계보다 더 깊고 진한 관계인 것입니다. 그런데 안타까운 사실이 하나 있습니다. 만약 나의 육신의 가족이 예수님을 믿는다면 천국에서도 다시 만날 수 있지만, 예수님을 믿지 않는다면 결국은 죽음과 함께 그들을 영원히 다시 만나지 못하게 된다는 사실입니다. 그렇기 때문에 가족을 열심히 전도해야 합니다.

성경에 보면 인상적인 장면이 하나 나옵니다. 예수님이 무리에게 둘러싸여 말씀을 전하고 계실 때 예수님의 모친과 동생들이 예수님을 만나기 위하여 찾아 왔습니다. 이때 예수님의 반응은 어떠했습니까?

"말하던 사람에게 대답하여 이르시되 누가 내 어머니이며 내 동생들이냐 하시고 손을 내밀어 제자들을 가리켜 이르시되 나의 어머니와 나의 동생들을 보라 누구든지 하늘에 계신 내 아버지의 뜻대로 하는 자가 내 형제요 자매요 어머니이니라 하시더라"
(마태복음 12:48-50).

예수님이 이렇게 말씀하신 것은 예수 그리스도 안에서는 혈육의 관계를 뛰어넘는 영적인 가족의 관계가 새롭게 맺어지게 됨을 설명하고자 하신 것입니다. 그렇습니다. 우리는 비록 이 땅에서는 혈육으로 맺어진 가족이 아닐지라도, 천국에 가면 영적 가족으로 영원히 함께 살 것입니다. 그러므로 지상에서의 육신의 가족도 영원한 가족이 될 수 있도록 속히 그들을 그리스도께 인도해야 합니다.

우리는 원래의 모습 그대로는 도저히 하나님의 자녀가 될 수 없는 존재였습니다. 하나님께 죄를 지어서 하나님과 원수 된 사이였기 때문입니다. 그러므로 성경은 우리의 원래 신분이 '하나님의 자녀'가 아니라 '진노의 자녀'라고 이야기합니다.

"전에는 우리도 다 그 가운데서 우리 육체의 욕심을 따라 지내며 육체와 마음의 원하는 것을 하여 다른 이들과 같이 본질상 진노의 자녀이었더니"(에베소서 2:3).

우리는 죄로 인해 하나님의 진노의 대상이 되었던 존재였습니다. 그런데 어떤 일이 일어났습니까?

"그가 우리를 흑암의 권세에서 건져내사 그의 사랑의 아들의 나라로 옮기셨으니"(골로새서 1:13).

하나님의 진노의 대상이 되었던 우리를 하나님이 '사랑의 아들의 나라'로 옮겨 주셨습니다. 그래서 하나님의 로열 패밀리로 입양이 되었습니다.

저는 성경에 나오는 므비보셋이 바로 이러한 은혜를 잘 설명해 준다는 생각이 듭니다. 므비보셋은 사울의 후손으로서 다윗 왕의 적입니다. 과거 역사에 보면 정권이 바뀌면 그 전 정권의 왕족들은 씨를 말리는 것이 일반적이었습니다. 그런데 다윗은 요나단과의 우정으로 인해 그의 아들 므비보셋을 자신의 왕궁으로 불러들여서 왕의 식탁에서 식사를 할 수 있게 해주었습니다. 므비보셋은 두 발을 다 저는 장애인이었는데 가장 존귀한 자리에서 왕의 가족의 대접을 받으면서 함께 식사를 할 수 있는 특권을 누리게 되었습니다. 이것이 바로 그가 누렸던 놀라운 은혜였습니다.

은혜라는 것은 원래 '받을 자격이 없는 호의를 받아 누리는 것'입니다. 우리도 마찬가지입니다. 저와 여러분은 원래 심판을 받아야 하는 사람인데, 구원을 받았을 뿐만 아니라, 하나님의 자녀가 되어 하나님 나라 잔치에 참여하게 되었고, 앞으로 하나님의 모든 유산을 이어받는 상속자가 되었습니다. 이 얼마나 놀라운 은혜입니까?

그런데 이 은혜가 거저 주어진 것이 아니라는 사실을 기억하는 것이 중요합니다. 우리에게 이 은혜를 누리게 하려고 하나님께서 너무나 큰 희생을 치르셨습니다. 저와 여러분을 하나님의 자녀로 삼기 위해 자신의 친아들을 십자가에서 죽게 하였습니다. 그래서 우리는 하나님이 베푸신 이 큰 사랑을 늘 기억하며 감사해야 합니다. 성경은 다음과 같이 말합니다.

"보라 아버지께서 어떠한 사랑을 우리에게 베푸사 하나님의 자녀라 일컬음을 받게 하셨는가, 우리가 그러하도다 그러므로 세상이 우리를 알지 못함은 그를 알지 못함이라"(요한일서 3:1).

그렇습니다. 하나님께서 우리가 '하나님의 자녀'라 일컬음을 받게하기 위해서 '어떠한 사랑을 베풀었는지'를 늘 기억해야 합니다. 그리고 그 사랑과 희생이 헛되지 않도록 저와 여러분도 주위 사람들에게 이러한 사랑을 베풀면서 살아야 합니다.

"하나님이 한 분이시라면 교회도 하나일 수밖에 없다. 그리스도께서 한 분이시라면 교회도 하나일 수밖에 없다. 십자가가 하나라면 교회도 하나일 수밖에 없다. 성령께서 한 분이시라면 교회도 하나일 수밖에 없다."
_ A. A. 핫지

5

교회는
구원의 방주이다

교회가 구원의 방주인 이유

교회는 구원의 방주입니다. 교회가 '구원의 방주'인 이유는 노아의 홍수 때처럼 마지막 심판에서 우리를 구원하는 역할을 하기 때문입니다. 예수님께서는 마지막 때의 모습이 노아 홍수 때의 모습과 같다고 말씀하셨습니다.

"노아의 때와 같이 인자의 임함도 그러하리라"(마태복음 24:37).

예수님은 노아의 홍수 때와 예수님이 재림하시는 때가 비슷할 것이라고 말씀하셨습니다. 노아의 홍수 때의 특징은 사람들이 종말에 대한 경각심을 가지지 않았다는 것입니다.

"홍수 전에 노아가 방주에 들어가던 날까지 사람들이 먹고 마시고 장가 들고 시집 가고 있으면서 홍수가 나서 그들을 다 멸하기까지 깨닫지 못하였으니 인자의 임함도 이와 같으리라"(마태복음 24:38-39).

홍수 바로 전까지 사람들의 일상이 그대로 되풀이되었습니다. 사람들은 먹고 마시고 장가들고 시집가면서 하루하루 바쁜 일상을 살았습니다. 갑작스러운 재난이 닥쳐 그들을 멸망으로 몰아넣을 것인데, 사람들은 그 사실을 전혀 깨닫지 못하고 어제와 똑같은 오늘을 살아갔습니다. 이 일이 언제까지 계속되었는가 하면 그들이 다 멸망할 때까지였습니다.

그런데 예수님은 인자가 임할 때도 이와 같을 것이라고 이야기하였습니다. 오늘날 사람들이 세상이 돌아가는 것을 보면서 '말세'라는 말은 자주 하지만, 정말 오늘 밤에라도 예수님이 오실 것으로 생각하는 사람은 거의 없을 것입니다. 삶이 바빠서 대부분의 사람은 별생각 없이 살아갑니다. 그러나 주님께서 이 말씀을 주신 것은 믿는 사람들은 그렇게 살지 말라고 주신 것입니다. 그러므로 우리는 마지막 때에 대한 경각심을 가지고 구원의 길을 찾아야 합니다. 그렇다면 교회는 어떤 면에서 노아의 방주와 흡사할까요?

노아의 방주처럼 교회는 구원의 길을 제공합니다.

노아의 방주와 교회가 결정적으로 유사한 부분은 바로 둘 다 멸망에 처한 사람들을 구원할 수 있다는 것입니다. 노아의 홍수 때는 사람들이 물 심판으로 멸망하였습니다. 그러나 마지막 때는 하나님이 불로 심판하실 것임을 이야기하셨습니다.

"그러나 주의 날이 도둑 같이 오리니 그날에는 하늘이 큰 소리로 떠나가고 물질이 뜨거운 불에 풀어지고 땅과 그중에 있는 모든 일이 드러나리로다"(베드로후서 3:10).

하나님께서 마지막 때 불의 심판을 미리 예표로 보여주신 사건이 있습니다. 바로 소돔과 고모라 사건입니다. 이들은 물이 아닌 불로 멸망하였습니다.

"여호와께서 하늘 곧 여호와께로부터 유황과 불을 소돔과 고모라에 비같이 내리사 그 성들과 온 들과 성에 거주하는 모든 백성과 땅에 난 것을 다 엎어 멸하셨더라"(창세기 19:24-25).

종말의 불 심판이 소돔과 고모라처럼 유황과 불이 하늘에서 직접 내리는 것일지, 아니면 원자폭탄이 터지는 식으로 임하게 될 것인지 우리는 확실히 알 수 없습니다. 중요한 것은 어떤 형태가 될지 몰라도 이 세상은 언젠가는 불 심판으로 멸망할 것이라는 사실입니다.

그것이 어떤 방식으로 임하든지, 과거 소돔과 고모라 땅에 임하였던 심판과는 비교가 안 될 정도로 엄청난 심판일 것입니다. 예수님께서는 자신이 권능을 가장 많이 행하였던 고을들이 회개하지 않자 다음과 같은 말로 책망하셨습니다.

"가버나움아 네가 하늘에까지 높아지겠느냐 음부에까지 낮아지리라 네게 행한 모든 권능을 소돔에서 행하였더라면 그 성이 오늘까지 있었으리라 내가 너희에게 이르노니 심판 날에 소돔 땅이 너보다 견디기 쉬우리라 하시니라"(마태복음 11:23-24).

예수님은 이들에게 임할 심판을 이야기하시면서 심판 날에 소돔 땅이 오히려 더 견디기 쉬울 것이라고 말씀하셨습니다. 이로 보건데 예수님을 거부한 자들이 당할 마지막 심판은 그토록 심각한 소돔과 고모라의 심판보다 훨씬 더 견디기 힘든 심판이 될 것이라는 사실을 알 수 있습니다.

그렇다면 과거 노아의 홍수 때는 방주를 만들어 노아와 온 가족이 구원을 받았는데 불 심판을 앞둔 우리는 어떻게 해야 살아날 수 있을까요? 성경은 구원을 주는 능력은 복음 안에 있다고 이야기합니다.

> "내가 복음을 부끄러워하지 아니하노니 이 복음은 모든 믿는 자에게 구원을 주시는 하나님의 능력이 됨이라 먼저는 유대인에게요 그리고 헬라인에게로다"(로마서 1:16).

성경은 '복음은 모든 믿는 자에게 구원을 주시는 하나님의 능력'이라고 했습니다. 그렇다면 이 복음을 어디서 들을 수 있습니까? 교회밖에 없습니다. 그러므로 마지막 때 구원의 방주는 눈에 보이는 큰 배나 로켓이 아니고 바로 '교회'인 것입니다.

그러므로 오늘날과 같은 마지막 때는 교회를 잘 정해야 합니다. 교회라고 다 교회가 아닙니다. 복음을 제대로 소개해 주는 교회로 가야 합니다. 화려한 교회, 멋있는 교회라고 안심하면 안 됩니다. 영적으로 안전한 교회로 가야 합니다. 그래서 말세에는 영적 분별력이 있어야 합니다.

노아의 방주처럼 하나님께서는 구원받을 자들을 직접 교회로 불러 모으십니다.

노아의 방주와 교회가 유사한 두 번째 부분은 하나님께서 구원받을 자들을 직접 불러 모으신다는 점입니다. 노아의 방주에는 노아와 그의 가족들만 들어간 것이 아닙니다. 당시 존재하던 모든 호흡하는 동물들이 종류별로 다 들어갔습니다. 중요한 것은 성경을 보면 하나님께서 직접 동물들을 불러 모으셨다는 사실을 알 수 있습니다.

"노아는 아들들과 아내와 며느리들과 함께 홍수를 피하여 방주에 들어갔고 정결한 짐승과 부정한 짐승과 새와 땅에 기는 모든 것은 하나님이 노아에게 명하신 대로 암수 둘씩 노아에게 나아와 방주로 들어갔으며"(창세기 7:7-9).

사실상 이 모든 동물은 노아가 끌어모은 것이 아닙니다. 생각해 보십시오. 노아가 코끼리나 사자, 표범과 같은 그런 동물들을 어떻게 방주에 몰아넣을 수 있겠습니까? 또한 종류가 얼마나 많습니까? 어느 세월에 그 많은 종류의 동물들을 숫자에 맞추어 넣을 수 있었겠습니까? 성경은 하나님께서 노아에게 명하신 대로 이 짐승들이 암수 둘씩 노아에게 나아와 방주로 들어갔다고 이야기합니다.

결국 그 동물들이 방주에 들어간 것은 하나님께서 불러 모으신 것입니다. 또한 동물들 가운데서도 선택된 동물들만 들어간 것입니다. 코끼리가 들어갔다고 하더라도 수많은 코끼리 가운데서 방주로 들어가는 축복을 누린 것은 아주 소수의 코끼리였습니다. 그렇다면 이 코끼리가 들어간 것이 어찌 우연이라고 할 수 있겠습니까? 하나님께서 특별히 선택한 코끼리만 들어가게 하신 것입니다.

우리도 마찬가지입니다. 내가 구원받고 하나님의 자녀가 된 것은 우연히 된 것이 아닙니다. 하나님께서 선택하여 불러 주셨기 때문에 된 것이지, 내가 잘나서 스스로 하나님 앞에 나온 것이 아닙니다. 다음에 나오는 성경 말씀을 생각해 보시기를 바랍니다.

"하나님의 사랑하심을 받은 형제들아 너희를 택하심을 아노라"
(데살로니가전서 1:4).

하나님께서 그들을 택하였다고 바울이 말합니다. 그러므로 하나님이 나를 택하여 불러 주시고 구원해 주신 은혜에 늘 감사해야 합니다. 그리고 이러한 관점에서 교회의 형제, 자매들을 볼 때 귀하게 여겨야 합니다. 한 사람 한 사람이 다 하나님께서 택하여 불러 주신 사람들이기 때문입니다. 하나님께서 사랑하시는 사람이니 어찌 소중한 사람들이 아니겠습니까?

  물론 같은 교회 안에 있다 보면 서로 힘든 일이 있을 수도 있습니다. 그러나 우리는 서로를 소중히 여겨야 합니다. 노아의 방주 안에서도 그 많은 동물이 오랜 시간 동안 서로 부대끼며 지내기가 결코 쉽지 않았을 것입니다. 그러나 어쨌든 그들은 힘든 시간을 잘 이겨냈습니다.

  우리는 모두 다양한 배경에서 모였습니다. 그러나 한 가지 같은 이유에서 모였습니다. 그것은 함께 하나님을 믿고, 함께 하나님을 섬기고, 함께 천국 가기 위하여 모인 것입니다. 그러므로 서로의 다양성을 인정하고 상대방으로 인한 불편함을 참아 주어야 합니다. 노아의 방주 안에 있는 사람이나 동물들에게 절대적으로 필요했던 것은 인내입니다. 서로를 참아 주고 인내해야 했습니다.

  교회도 마찬가지입니다. 교회는 결코 아무 문제가 없고 완벽한 곳이 아닙니다. 그러나 중요한 것은 어쨌든 교회를 떠나지 않는 것입니다. 주님을 만나는 그날까지 교회를 떠나지 않고 교회 안에 머물러 있는 것이 중요합니다.

노아의 방주처럼 교회의 문도 언젠가는 닫힐 때가 있습니다.

노아의 방주와 교회의 또 다른 공통점은 언젠가는 문이 닫힌다는 사실입니다. 노아의 방주는 노아의 가족과 동물들이 다 탄 후에 하나님께서 문을 닫아 버리셨습니다. 그 후에는 사람들이 타고 싶어도 기회가 주어지지 않았습니다.

"곧 그날에 노아와 그의 아들 셈, 함, 야벳과 노아의 아내와 세 며느리가 다 방주로 들어갔고 그들과 모든 들짐승이 그 종류대로, 모든 가축이 그 종류대로, 땅에 기는 모든 것이 그 종류대로, 모든 새가 그 종류대로 무릇 생명의 기운이 있는 육체가 둘씩 노아에게 나아와 방주로 들어갔으니 들어간 것들은 모든 것의 암수라 하나님이 그에게 명하신 대로 들어가매 여호와께서 그를 들여보내고 문을 닫으시니라"(창세기 7:13-16).

하나님께서 닫았다고 성경은 말하고 있습니다. 홍수가 시작될 때가 되자 하나님께서는 더 이상 아무도 못 들어오게 문을 막아 버리셨습니다. 하나님께서 그렇게 하신 이유는 안에 있는 사람들을 보호하기 위해서입니다. 비가 내리기 시작한 뒤에 사람들이 와서 문을 두드리면 마음씨 좋은 노아가 열어 주었을지도 모릅니다. 그러나 그렇게 했다가는 노아와 안에 있는 사람들이

다 죽었을 것입니다. 그래서 하나님께서는 오직 먼저 들어간 사람들에게만 기회를 주신 것입니다. 흥미로운 사실은 성경을 보면 노아가 들어간 칠 일 후에 홍수가 났다는 사실을 알 수 있습니다.

> "하나님이 노아에게 명하신 대로 암수 둘씩 노아에게 나아와 방주로 들어갔으며 칠 일 후에 홍수가 땅에 덮이니"(창세기 7:9-10).

하나님께서는 노아와 동물들이 들어간 후에도 7일간을 기다리셨습니다. 그러므로 당시 노아가 하나님의 명령을 따라서 방주에 들어갈 때만 해도 홍수가 있으리라는 징조는 없었을 것입니다. 날은 여전히 맑아 있었고 해는 높이 솟아올랐을 것이며 밤하늘의 별도 총총했을 것입니다.

그래서 사람들은 답답하게 방주에 들어가 있는 노아의 가족들을 보고 비웃었을 것입니다. 그러나 하나님의 때가 되니까 하나님께서 말씀하신 대로 40일 동안 주야로 비가 내렸고 남아 있던 사람들은 한 사람도 남김없이 홍수에 떠내려갔습니다.

오늘날도 마찬가지입니다. 이제 주님의 오심이 가까웠다고 아무리 이야기해도 사람들은 듣지 않습니다. 빨리 교회로 나와서 예수님을 믿고 구원받아야 한다고 이야기해도 사람들은 그 말을 심각하게 생각하지 않습니다. 오히려 교회에 열심히 다니는 사람들을 비웃습니다. 노아의 홍수 때에 몇 명이 구원받았습니까?

"그들은 전에 노아의 날 방주를 준비할 동안 하나님이 오래 참고 기다리실 때에 복종하지 아니하던 자들이라 방주에서 물로 말미암아 구원을 얻은 자가 몇 명뿐이니 겨우 여덟 명이라"(베드로전서 3:20).

겨우 '여덟 명'입니다. 그렇게 볼 때 마지막 심판 때에도 생각보다 훨씬 적은 사람이 구원받을지도 모릅니다. 그러나 중요한 것은 아직은 하나님께서 기회의 문을 열어 놓으셨다는 것입니다. 성경은 다음과 같이 말합니다.

"이르시되 내가 은혜 베풀 때에 너에게 듣고 구원의 날에 너를 도왔다 하셨으니 보라 지금은 은혜 받을 만한 때요 보라 지금은 구원의 날이로다"(고린도후서 6:2).

아직은 은혜받을 수 있는 때입니다. 아직은 구원받을 기회가 주어져 있습니다. 그러나 이것이 영원하지는 않을 것입니다. 지금도 구원의 방주 문은 열려 있습니다. 조금만 관심을 가진다면 우리가 구원받을 기회는 얼마든지 있습니다. 하나님이 세우신 수많은 교회가 지금도 복음의 초청을 하고 있습니다. 이 기회를 붙잡아야 합니다.

당시 노아 시대의 사람들이 다가올 홍수를 믿는 데는 믿음이 필요했지만 조금만 정신을 차리고 상황을 살펴보았어도 그렇게 못 믿을 상황은 아니었습니다. 하나님께서 그들이 믿을 수 있도록 이미 사인을 주고 계셨기 때문입니다.

노아의 방주로 동물들이 몰려오는 광경을 한번 생각해 보십시오. 아마 대단한 장관이었을 것입니다. 코끼리, 호랑이, 사자, 얼룩말, 기린 이런 것들이 쌍으로 몰려오는 광경을 한번 상상해 보십시오. 이런 것들을 보면 눈치를 챘어야 했습니다. 그러나 온갖 죄악으로 물들어 있는 사람들에게는 그러한 광경이 눈에 띄지 않았을 것입니다. 아니면 보았어도 거기에 숨어 있는 영적인 의미들을 알아보지 못했을 것입니다.

이것은 오늘날도 마찬가지입니다. 이미 하나님께서는 전 지구적으로 사인을 보내고 계십니다. 예수님이 말씀하신 대로 지금 땅끝까지 복음이 전파되고 있습니다. 수많은 언어로 성경이 번역되고 있습니다. 또한 주님이 말씀하신 말세의 사인들도 너무나 분명하게 드러나고 있습니다.

이같이 복음의 문이 활짝 열려 있다는 것은 무엇을 뜻합니까? 그것은 영적으로 보면 구원의 방주가 활짝 열려 있는 것을 의미합니다. 그렇다면 하나님께서는 구원의 문을 왜 이렇게 활짝 열어 놓았을까요? 그것은 닫히기 위하여 열린 것입니다. 예수님께서는 다음과 같이 말씀하셨습니다.

"이 천국 복음이 모든 민족에게 증언되기 위하여 온 세상에 전파되리니 그제야 끝이 오리라"(마태복음 24:14).

하나님께서는 천국 복음을 모든 민족에게 증언하기 위해 지금 마지막 때 문을 활짝 열고 구원받을 자를 다 불러 모으고 계십니다. 그다음에는 어떻게 될까요? 한순간에 모든 문을 닫아 버리실 것입니다. 그때는 주님께서 재림하실 때이고, 그때 가서 예수님을 믿고자 하는 사람은 이미 기회를 놓치게 된 것입니다.

그러므로 여러분, 앞으로 많은 기회가 남아 있는 것이 아닙니다. 구원의 방주의 문이 열렸을 때 빨리 타십시오. 언제 문이 닫힐 줄 모릅니다. 복음이 땅끝까지 전해지고 나면 반드시 문이 닫힐 것입니다. 문이 닫히고 나면 아무리 땅을 치고 후회해도 소용이 없습니다.

교회 안에 있는 것만으로 안 되는 이유

교회는 구원의 방주이기는 하지만 문자적인 의미에서 방주는 아닙니다. 왜냐하면 교회 나왔다고 모두 구원받는 것은 아니기 때문입니다. 교회에 나와서 예수님을 믿어야 구원받습니다. 교회를 아무리 오랫동안 다녀도 예수님을 믿지 않으면 구원받을 수 없습니다. 그러므로 구원의 방주에 대해 정확하게 말한다면 '교회 자체가 구원의 방주'라기 보다는 '교회를 통해 예수님을 믿어야' 구원의 방주에 타는 것이 됩니다. 예수님은 다음과 같이 말씀하셨습니다.

"내가 문이니 누구든지 나로 말미암아 들어가면 구원을 받고 또는 들어가며 나오며 꼴을 얻으리라"(요한복음 10:9).

예수님은 '자신'이 '문'이라고 했습니다. 그리고 예수님을 통해 들어가면 구원받는다고 했습니다. 그러므로 예수님이 구원의 문입니다. 그러므로 교회 나오는 것도 중요하지만 더 중요한 것은 예수님을 믿고 예수님 안에 거하는 것입니다. 그래서 바울은 구원에 관해 이야기하면서 자주 '그리스도 안에', '예수 안에'라는 말을 사용했습니다. 성경에서 숫자를 세어보면 믿는 자는 '그리스도 안에' 있다고 하는 말이 150회 이상이나 나옵니다.[6]

몇 가지 예를 보겠습니다.

"너희가 다 믿음으로 말미암아 그리스도 예수 안에서 하나님의 아들이 되었으니"(갈라디아서 3:26).

"우리는 그리스도 안에서 그의 은혜의 풍성함을 따라 그의 피로 말미암아 속량 곧 죄 사함을 받았느니라"(에베소서 1:7).

"너희도 그 안에서 충만하여졌으니 그는 모든 통치자와 권세의 머리시라"(골로새서 2:10).

여기에 보면 우리가 '그리스도 예수 안에서 하나님의 아들이 되었다'고 말하고 '그리스도 안에서 속량 곧 죄 사함을 받았다'라고 말하며 '그 안에서 충만하여졌다'라고 말합니다. 그리스도 안에 모든 것이 있습니다. 우리의 구원도 그리스도 안에 있고,

부활도 그리스도 안에 있고, 우리가 누릴 모든 충만한 축복도 그분 안에 있습니다.

그러므로 우리는 '그리스도 안에' 거해야 합니다. 교회를 다닌다고 다 되는 것이 아닙니다. '교회 안에' 있지만 '그리스도 안에' 있지 않으면 아무런 의미가 없습니다. 반드시 예수 그리스도 안에 거해야만 우리는 제대로 된 구원의 방주를 탄 것이 됩니다.

그렇다면 교회는 왜 필요합니까? 교회는 예수 그리스도를 소개해 주는 곳입니다. 하나님은 교회를 통해 우리가 예수님을 알게 하고, 예수님이라고 하는 구원의 방주를 타게 하십니다. 그러므로 교회가 너무나 중요한 구원의 도구입니다.

구원의 방주로서의 교회의 사명

그리스도가 '구원의 방주'이지만 예수님은 우리 눈에 보이지 않습니다. 그래서 하나님께서 이 땅에 교회라고 하는 눈에 보이는 '구원의 방주'를 허락하셨습니다. 그래서 교회를 통해 예수님을 알고 믿게 되어 구원의 방주에 올라탈 수 있게 하셨습니다. 그러므로 교회를 맡은 우리는 눈에 보이는 이 교회라고 하는 구원의 방주를 온전한 모습으로 세워야 할 책임이 있습니다.

"믿음으로 노아는 아직 보이지 않는 일에 경고하심을 받아 경외함으로 방주를 준비하여 그 집을 구원하였으니 이로 말미암아 세상을 정죄하고 믿음을 따르는 의의 상속자가 되었느니라"(히브리서 11:7).

노아는 '경외함으로 방주를 준비했다'라고 했습니다. 두렵고 떨리는 마음으로 방주를 준비했다는 것입니다. 만약 노아가 대충대충 방주를 준비했다면 어떻게 되었을까요? 방주의 한 곳이라도 엉터리로 만든 부분이 있었다면 그곳으로 물이 쏟아져 들어와서 방주 안에 있는 모든 사람과 동물이 죽었을 것입니다.

그러므로 우리도 교회를 세워나갈 때 '두려움과 떨림으로' 세워나가야 합니다. 교회에 허술한 부분은 없는지, 마귀가 틈탈 만한 부분은 없는지 잘 살펴야 합니다. 무엇보다 구원에 있어서 교회가 제대로 말씀을 증거하고 있는지 잘 살펴야 합니다.

노아가 방주를 만든 목적은 구원을 위해서입니다. 생명을 살리기 위해서입니다. 방주는 근본적으로 구조선입니다. 유람선이 아닙니다. 어떤 사람은 교회를 유람선처럼 생각하는 사람이 있습니다. 경치 구경하고 맛있는 것 먹으면서 천국까지 무사히 가는 것을 목표로 삼는 사람이 있습니다. 아닙니다. 그렇지 않습니다. 교회는 영혼을 구원하기 위해 존재하는 것입니다.

여러분은 타이타닉이 침몰할 때 구조 보트에 자리가 남았었다는 사실을 알고 계십니까? 놀랍게도 보트에는 사람들을 태울 자리가 여전히 남아 있었습니다. 하지만 그들은 보트가 가까이 가면 물에 빠진 사람들이 몰려올 수도 있어서 그들 근처에 가지 않았다고 합니다. 이 얼마나 안타까운 이야기입니까? 성경은 분명히 다음과 같이 이야기합니다.

"하나님은 모든 사람이 구원을 받으며 진리를 아는 데에 이르기를 원하시느니라"(디모데전서 2:4).

교회에는 늘 빈 자리가 남아 있습니다. 그리고 만약 자리가 가득차면 하나님께서 더 넓은 장소로 교회를 옮겨 주실 것입니다. 중요한 것은 하나님께서는 이 땅의 교회들을 영혼을 구원할 '구원의 방주'로 부르셨다는 사실입니다. 그러므로 교회가 해야 할 가장 중요한 일은 영혼을 구원하는 일입니다. 우리는 모두 이 사실을 잊지 말아야겠습니다.

"우리가 할 일은 오직 영혼을 구원하는 일뿐이다. 이 일에 모든 시간을 사용해야 한다." _ 존 웨슬리

6

교회는
거룩한 병원이다

병원으로서의 교회

　　　　　　　　　　　　교회는 거룩한 병원입니다. 이에 대해 많은 사람이 이해를 못할 수도 있습니다. 교회는 교회이고 병원은 병원인데 "교회를 왜 병원이라고 하는가?" 하고 생각할 수도 있습니다. 그러나 그것은 인간의 상태를 잘 몰라서 하는 이야기입니다.

　성경은 인간이 하나님께 죄를 범하여 모두 병든 상태라고 이야기합니다. 오늘날 과학기술이 이토록 발달하고 인간의 문명이 나날이 발전하는데도, 사건 사고는 끊이지 않고 사람들의 삶은 더욱 팍팍해져 갑니다. 그 이유는 인간의 영혼이 병든 상태이기 때문입니다. 그래서 우리는 하나님께로 나아와서 치료를 받아야 하기 때문에 교회는 거룩한 병원이 되어야 하는 것입니다. 예수님은 자신을 다음과 같이 소개하셨습니다.

"예수께서 들으시고 그들에게 이르시되 건강한 자에게는 의사가 쓸 데 없고 병든 자에게라야 쓸 데 있느니라 나는 의인을 부르러 온 것이 아니요 죄인을 부르러 왔노라 하시니라"(마가복음 2:17).

예수님은 건강하고 멀쩡한 사람을 위하여 오신 것이 아니고, 병들고 죄로 인해 고통받는 사람을 위해 오신 것입니다. 그러므로 예수 그리스도를 전하는 교회도 마땅히 병원과 같은 기능을 담당해야 합니다.

교회가 거룩한 병원이 되기 위한 방법

교회가 거룩한 병원이 되기 위해서는 다음과 같은 세 가지를 기억해야 합니다.

하나님 앞에서 솔직해져야 합니다.

첫째, 하나님 앞에서 솔직해져야 합니다. 환자들이 병원에 가서 치료를 잘 받기 위해서는 어떻게 해야 합니까? 의사에게 자기의 병 증상을 숨기지 말고 모두 털어놓아야 합니다. 마찬가지로 교회에서도 제대로 된 치료를 받기 위해서는 먼저 자기 자신을 하나님 앞에 온전히 내어놓아야 합니다. 즉 자신의 연약함과 부족함과 죄된 모습을 하나도 숨김없이 하나님께 모두 내어놓아야만 합니다. 그래야만 제대로 된 치료가 일어납니다.

우리는 다른 사람 앞에서는 몰라도 하나님 앞에 설 때는 모든 가식을 버리고 벌거벗은 마음으로 하나님 앞에 서야 합니다. 하나님께서 나의 모든 죄와 수치와 고통을 치료해 주시도록 모든 연약한 부분들을 숨김없이 다 내어놓아야 합니다.

예수님은 이 세상에서 가장 위대한 의사이십니다. 그리고 우리는 이 세상에서 가장 심각한 질병을 앓고 있는 중환자입니다. 모든 인간이 앓고 있는 이 질병은 죄라고 하는 질병입니다. 이 죄의 질병이 얼마나 심각한지 이 세상 사람은 누구도 예외 없이 죽음에 이르게 됩니다.

그래서 위대한 종교 철학자 키에르케고르는 자신의 책 『죽음에 이르는 병』에서 인간이 죽음에 이르는 병에 걸리게 된 것은 죄로 인해 하나님과 단절되었기 때문이라고 이야기합니다. 그리고 그는 이 죽음의 병을 치료하기 위해서 인간은 단독자로 하나님 앞에 서야 한다고 주장합니다. 성경은 예수님을 인간의 몸을 취하여 오신 하나님이라고 이야기합니다. 그러므로 우리는 예수님 앞에 단독자로 나와서 치유를 경험해야 합니다.

"이는 선지자 이사야를 통하여 하신 말씀에 우리의 연약한 것을 친히 담당하시고 병을 짊어지셨도다 함을 이루려 하심이더라" (마태복음 8:17).

메시아이신 예수 그리스도는 인간의 육신의 질병뿐 아니라 영혼의 질병까지 치료해 주실 수 있는 분이십니다. 예수님은 죄악의 바이러스에 감염된 인간들을 위한 하나님의 완벽한 치료제이십니다. 그러므로 우리는 언제나 예수 그리스도 앞에 나와야 합니다. 그리고 주님이 나의 모든 아픔과 상처를 치료해 주시도록 자신을 맡겨야 합니다.

어떤 사람은 교회에 와서도 가면을 덮어쓰고 행동하는 사람이 있습니다. 자신의 내면은 잘못되어 있는데 거룩한 척 행동하는 그런 사람이 있습니다. 성경은 그런 사람을 '외식하는 사람'이라고 말합니다. 이것은 하나님이 아주 싫어하는 부류의 사람입니다.

예수님이 바리새인들을 책망했던 이유도 바로 여기에 있었습니다. 그들은 외식하는 사람들이었습니다. 성경에서 '외식한다'라는 말의 뜻은 '연극을 한다'라는 의미입니다. 마치 배우가 다른 사람의 모습의 연기를 하듯이 바리새인들은 죄악이 가득한 삶을 살고 있으면서도 겉으로는 그럴듯한 종교인으로 행세했습니다. 그래서 그들은 예수님께 고침을 받지 못했습니다.

여러분은 그런 사람이 되어서는 안 됩니다. 사회생활하려면 어쩔 수 없이 숨겨야 할 부분이 있을지도 모르지만, 하나님 앞에서는 그런 모습이어서는 안 됩니다. 하나님은 우리가 화려한 업적이나 자기 의를 들고 나오기를 원하는 것이 아니라, 스스로는 절대로 거룩할 수 없다는 사실을 인정하고 하나님 앞에 죄인임을 고백하며 나오기를 원하십니다. 자신이 영적으로 병들어 있고 스스로의 힘으로는 절대로 구원을 성취할 수 없다는 사실을 솔직히 고백하기를 원하십니다. 그래야 거기서부터 진정한 치유와 회복이 이루어지기 때문입니다.

치료받을 수 있는 분위기를 만들어 주어야 합니다.

둘째, 교회가 거룩한 병원이 되기 위해서는 교회 안에서 치료받을 수 있는 분위기를 만들어 주어야 합니다. 하나님께서는 교회 예배를 통해 우리를 직접 만나 주시며 치료해 주시기도 하지만 많은 경우에 교회 공동체를 통하여 서로를 치료하고 변화시키는 일을 하십니다.

그러므로 치료의 과정 동안 우리는 상대방의 약점을 용납해 주고 그들이 주님 안에서 영육 간에 치료받을 수 있도록 분위기를 조성해 주어야 합니다. 어차피 우리는 다 '공사 중'인 인성입니다. 그러므로 옆에 있는 사람 때문에 조금 불편함이 느껴져도 양해하고 이해해 주어야 합니다.

교회는 모든 것을 갖춘 사람이 오는 곳이 아니라 문제가 있고 어려움이 있기에 찾아오는 곳입니다. 지상에 있는 교회는 완벽할 수 없습니다. 왜냐하면 완벽하지 않은 사람들이 모인 곳이 교회이기 때문입니다. 성경에 보면 바울이 에베소교회에 보낸 편지가 나옵니다.

"그런즉 거짓을 버리고 각각 그 이웃과 더불어 참된 것을 말하라 이는 우리가 서로 지체가 됨이라 분을 내어도 죄를 짓지 말며 해가 지도록 분을 품지 말고 마귀에게 틈을 주지 말라 도둑질하는 자는 다시 도둑질하지 말고 돌이켜 가난한 자에게 구제할 수 있도록 자기 손으로 수고하여 선한 일을 하라 무릇 더러운 말은 너희 입 밖에도 내지 말고 오직 덕을 세우는 데 소용되는 대로 선한 말을 하여 듣는 자들에게 은혜를 끼치게 하라"(에베소서 4:25-29).

에베소교회는 바울이 세운 교회입니다. 창립자가 신약 성경을 절반이나 기록한 바울이니 얼마나 대단한 교회입니까? 더군다나 보통 바울은 교회를 개척해 놓고 금방 떠나가서 또 다른 교회를 개척하곤 했는데, 에베소교회에서는 무려 3년간이나 머물면서 제자 훈련을 했습니다. 그러니 이 교회가 얼마나 대단한 교회이겠습니까? 그런데 위에 나오는 내용을 보면 에베소교회는 우리가 기대하는 교회와 무척 거리가 멀다는 사실을 알 수가 있습니다.

25절에서 "거짓을 버리라"라고 하는 것을 보면 에베소교회에는 거짓말하는 사람이 있었던 것 같습니다. 또 26절에는 "분을 내어도 죄를 짓지 말고"라는 말이 나옵니다. 이 말을 보면 에베소교회는 혈기 부리는 사람이 있었던 것 같습니다.

그뿐 아닙니다. 28절에 보면, "도적질하는 자는 다시 도적질하지 말고"라는 말도 있습니다. 에베소교회에는 도적질하는 사람도 있었다는 것을 알 수 있습니다. 또 29절에 보면, "무릇 더러운 말은 너희 입 밖에도 내지 말고"라는 말도 있습니다. 입으로 나쁜 말이나 안 좋은 말을 하는 사람도 있었던 것을 알 수 있습니다.

에베소교회는 사도 바울이 세운 교회이지만 결코 완벽하지 못한 교회였다는 사실을 알 수 있습니다. 왜냐하면 그 교회에 다니고 있는 교인들이 완벽한 사람들이 아니었기 때문입니다. 그러나 우리가 알아야 할 사실은 교회는 바로 이런 사람들을 위해서 필요하다는 것입니다.

어떤 사람은 술, 담배 때문에 교회 못 간다고 하지만 사실은 바로 그런 것 때문에 예수님이 필요한 것입니다. 술, 담배는 교회 나와서 신앙생활하다 보면 자연히 끊어지게 되어 있습니다. 교회는 거룩한 병원이기 때문에 교회 생활을 열심히 하다 보면 자연스럽게 삶의 방식이 고쳐지고 영육 간에 치료가 일어나게 되는 것입니다. 중요한 것은 교회에서 치료가 이루어지기 위해서는 치료받을 수 있는 분위기를 만들어 주어야 한다는 것입니다. 이것은 무엇을 의미합니까? 다음 말씀을 읽어 보시기를 바랍니다.

"너희는 모든 악독과 노함과 분냄과 떠드는 것과 비방하는 것을 모든 악의와 함께 버리고 서로 친절하게 하며 불쌍히 여기며 서로 용서하기를 하나님이 그리스도 안에서 너희를 용서하심과 같이 하라"(에베소서 4:31-32).

그렇습니다. 교회가 거룩한 병원이 되기 위해서는 서로 친절하게 하고, 서로를 용납해 주고, 서로를 불쌍하게 여겨 주어야 합니다. 그렇게 될 때 치료가 일어나게 됩니다. 어떤 사람은 교회에 나와서 잘못된 행동을 하는 사람을 보면 "어떻게 저런 사람이 교회에 나왔지?"하고 생각할 수 있습니다. 그러나 우리가 알아야 할 사실은 그래도 그나마 그 사람이 교회 나왔으니 그 정도이지 교회 나오지 않았다면 더 심했을 수도 있다는 것입니다.

그리고 또 한 가지 기억해야 할 것은 하나님 앞에서는 나도 그 사람 못지않은 죄인일 수 있다는 사실입니다. 그러므로 중요한 것은 교회 생활을 할 때 한두 가지 실수와 잘못 때문에 사람을 배척하기보다는 그를 격려해 주고 도와주어서 교회를 자꾸 나오게 해야 한다는 것입니다. 그렇게 될 때 그 사람은 결국 자연스럽게 변화되게 되어 있습니다.

많은 사람이 교회에 대해 가지는 착각이 있습니다. 그것은 교회는 '자동차 전시장'과 같은 곳이라고 생각하는 것입니다. 자동차 전시장에는 반짝반짝 빛나는 화려한 자동차가 진열되어 있습니다. 이와 마찬가지로 사람들은 교회에 가면 완전하고 거룩한 천사들 같은 사람들만 있으리라고 생각합니다. 그래서 교회에 나왔다가 사람들의 허물과 실수를 보게 되면 실망하여 교회에서

멀어지게 됩니다. 그러나 성경은 교회는 의인이 모인 곳이 아니라 죄인이 모인 곳이라고 이야기합니다.

> "예수께서 들으시고 이르시되 건강한 자에게는 의사가 쓸 데 없고 병든 자에게라야 쓸 데 있느니라 너희는 가서 내가 긍휼을 원하고 제사를 원하지 아니하노라 하신 뜻이 무엇인지 배우라 나는 의인을 부르러 온 것이 아니요 죄인을 부르러 왔노라 하시니라"(마태복음 9:12-13).

예수님은 의인을 부르러 온 것이 아니라 죄인을 부르러 왔다고 말씀하셨습니다. 그렇게 볼 때 교회는 자동차로 비유하면 '자동차 전시장' 같은 곳이 아니라 '자동차 정비소' 같은 곳이라고 말할 수 있습니다. 즉 교회는 완벽한 사람들이 모여서 예배드리는 곳이 아니라, 부족하고 죄 많은 사람이 와서 치료받고 변화받는 곳입니다. 그래서 교회는 천국이라기보다는 병원입니다.

그러므로 무엇보다 중요한 것은 부족하고 문제가 있는 사람들도 교회 나오기 쉬운 환경이 되어야 합니다. 거룩의 기준을 낮출 필요는 없지만, 죄인들이나 문제가 있는 사람들이 교회를 나오는 데 있어서 문턱이 높아서는 안 됩니다. 문턱을 낮추는 방법은 그들을 있는 모습 그대로 이해하고 받아 주는 것입니다. 그러면 그들은 결국 변화되게 되어 있습니다.

이를 위해서 교회에서 하는 소그룹 모임이 중요합니다. 여기서 자신의 가면을 벗고 진실해지는 훈련을 해야 합니다. 그리고 상대방이 그렇게 할 때 다른 사람은 그 사람을 이해해 주고 감싸 주어야 합니다. 그리고 그 사람이 금방 변화되지 않더라도 인내하고 기다려 주어야 합니다. 이 과정에서 치유가 일어납니다.

그러므로 소그룹 모임에서는 누군가의 연약함을 지적하기보다는 그 사람의 아픔에 공감하고 그 사람이 다시 하나님 앞에 바로 설 수 있도록 적극적으로 격려하고 기도해 주어야 합니다. 그렇게 될 때 우리는 각 사람이 주님 안에서 아름답게 변화되는 모습을 보게 될 것입니다.

우리가 또한 치유자가 되어야 합니다.

마지막으로 교회가 병원이라는 말에는 교회에 다니는 그리스도인들도 주님의 모습을 닮아 다른 사람을 치유해 주는 사람이 되어야 한다는 의미가 담겨 있습니다. 그러면 이렇게 생각하는 사람이 있을 수도 있습니다. "나도 문제가 많은 사람인데 어떻게 남을 치유해 준다는 말인가?"

물론 그 말이 맞습니다. 나 자신도 문제가 있는데 남을 치유해 주기란 쉽지 않습니다. 그러나 우리가 알아야 할 사실은 문제가 있는 사람이야말로 가장 탁월한 치유자가 될 수 있다는 것입니다.

하나님은 흠 없는 완벽한 사람을 쓰시기보다, 오히려 상처 입은 사람이지만 그 상처로부터 회복을 경험한 사람을 쓰십니다. 하나님의 아들 예수 그리스도 자신도 놀라운 치유자이지만 본인이 먼저 상처를 경험하였습니다. 친구의 배신을 경험했고, 십자가에서 온갖 고통과 멸시를 당하였습니다. 그렇기 때문에 주님은 우리의 아픔을 가장 잘 아십니다. 그래서 우리의 연약함을 가장 잘 이해해 주는 치유자가 되실 수 있는 것입니다.

오늘날 현대인들이 얼마나 상처받고 병들어 있는지 모릅니다. 그냥 말끔하게 다니고 예쁜 얼굴로 화장하고 다니니까 그럴 듯하지만, 속으로는 얼마나 곪아 있는지 모릅니다. 그러므로 먼저 예수 그리스도를 통하여 치유와 회복의 경험을 한 우리가 그들에게 다가가 팔을 벌려야 합니다. 그리고 '상처 입은 치유자'로서 그들을 위로하고 회복시키고 그들에게 영원한 구원의 소망을 전해 주어야 합니다. 시편에 보면 다윗이 자신의 회복을 위해 하나님께 간구하면서 이렇게 고백하는 내용이 나옵니다.

"주의 구원의 즐거움을 내게 회복시켜 주시고 자원하는 심령을 주사 나를 붙드소서 그리하면 내가 범죄자에게 주의 도를 가르치리니 죄인들이 주께 돌아오리이다"(시편 51:12-13).

이 시는 다윗이 '밧세바 사건'으로 범죄를 저지르고 난 뒤에 쓴 시입니다. 이 시에서 다윗은 자신이 큰 범죄를 저질렀고 이로 인하여 말할 수 없는 고통과 상처를 경험했지만, 하나님께서 자신을 회복시켜 주신다면 다른 상처 받은 사람들을 도와주겠다고 고백합니다.

여기에 하나님의 놀라운 역설적 축복이 있습니다. 우리가 육신의 질병을 경험했다면 질병으로 고통받는 사람을 도와줄 수 있습니다. 영적인 침체를 경험했다면 영적으로 힘들어하는 사람을 도울 수 있습니다. 실패해 본 경험이 있다면 실패하고 주저앉은 사람을 위로할 수 있습니다. 어두운 과거가 있을수록, 더 깊은 상처가 있을수록 그만큼 더 놀라운 치유자가 될 가능성이 있습니다.

그래서 어떤 사람은 '역경'을 거꾸로 하면 '경력'이 된다고 했습니다. 인생의 역경을 경험하는 것은 무척 고통스럽고 아픈 것이지만, 그것이 주님 안에서 치유되고 회복되면 인생의 역경은 그와 같은 고통을 당하는 사람에게 위로의 손길을 내밀 수 있는 '위로 자격증'으로 쓰임 받게 되는 것입니다.

그러므로 중요한 것은 힘들고 고통스러운 사람은 먼저 하나님 앞에 나와서 치유를 경험해야 합니다. 그렇게 되면 같은 상처와 고통을 겪는 사람에게 다가가 자신의 경험을 나눌 수 있게 되고 그를 온전히 변화시켜 주신 위대한 하나님을 소개할 수 있게 되는 것입니다.

예수 그리스도가 위대하고, 신앙의 힘이 위대한 것이 바로 이런 이유 때문입니다. 예수님은 얼마든지 우리의 고통이나 아픔을 변화시켜 그것을 가지고 위대한 일을 하는데 사용하실 수 있습니다. 교회는 바로 이런 일을 하기 위한 사람들의 모임입니다.

자신도 상처 받았지만 주님 안에서 그 상처를 아름답게 극복하고, 이제 '상처 입은 치유자'로 다시 일어서서 상처받은 누군가를 적극적으로 도와주는 사람들, 이런 사람들이 모인 곳이 바로 교회입니다. 그래서 교회는 거룩한 병원입니다.

교회는 가장 위대한 병원이다.

사람들이 가끔 의료 서비스에 대하여 불평을 하고 병원비가 비싸다고 투덜대지만, 병원이 필요 없다고 이야기하는 사람은 아무도 없습니다. 왜냐하면 병원은 정말 삶에서 꼭 필요한 것이기 때문입니다. 병원을 통하여 죽을 사람들이 살아날 수 있기 때문입니다.

그러나 동시에 꼭 한 가지 기억해야 할 것이 있습니다. 그것은 누군가를 육신의 질병이나 마음의 질병으로부터 치유할 수 있도록 도와주는 것은 귀하지만, 사람에게는 그 이상의 것이 필요하다는 것입니다. 그것은 바로 그 사람을 죄의 질병으로부터 해방시켜 영원한 생명을 얻게 하는 일입니다. 이것은 세상 병원이 아닌 오로지 교회만이 할 수 있는 치유 사역입니다.

병원이라는 곳은 사람을 살리기 위해 있는 것입니다. 의사와 간호사가 합심하여 생명을 살리는 곳입니다. 그래서 '히포크라테스 선서'라는 것이 있고 의료직이 고귀하고 숭고한 직업인 것입니다.

그런데 교회에서 영혼을 살리는 일은 그것과는 비교할 수 없을 정도로 더 위대한 일입니다. 왜냐하면 그것은 한 사람의 운명을 영원히 바꾸어 주는 일이기 때문입니다. 영원히 죽을 목숨을 영원히 살리는 일이기 때문입니다.

이 땅에서 육신의 질병에서 치유 받은 사람도 언젠가는 죽습니다. 그러므로 그것을 넘어서는 영혼의 치유가 있어야 합니다. 이를 위해 교회는 그 무엇보다 사람의 영혼을 살리는 일에 최우선을 두어야 합니다. 그것이 교회가 거룩한 병원으로서 해야 할 가장 중요한 사명이기 때문입니다. 그리고 이 거룩한 사명을 위하여 하나님께서는 저와 여러분을 부르셨습니다. 죄 많고 상처 많은 우리를 불러 주셔서 하나님의 귀한 은혜를 알게 하시고 그분의 사랑 안에서 치유 받게 하시고, 또 다른 누군가를 치유할 수 있는 사람으로 사용하기를 원하십니다. 이 은혜를 누리기 위해서는 누구든지 하나님 앞에 나아와야 합니다.

"오호라 너희 모든 목마른 자들아 물로 나아오라 돈 없는 자도 오라 너희는 와서 사 먹되 돈 없이, 값 없이 와서 포도주와 젖을 사라"(이사야 55:1).

너무나 중요한 내용이어서 성경 마지막 책 요한계시록에서 하나님께서 다시 한번 말씀하십니다.

"성령과 신부가 말씀하시기를 오라 하시는도다 듣는 자도 오라 할 것이요 목마른 자도 올 것이요 또 원하는 자는 값없이 생명수를 받으라 하시더라"(요한계시록 22:17).

하나님께서는 돈 없이, 값없이 치료의 길이 열려 있으니 누구든지 나오라고 하십니다. 이 얼마나 놀라운 은혜입니까? 그런데 여기서 한 가지 눈여겨 보아야 할 사실이 있습니다. 그것은 오라고 하는 주체입니다. '성령'께서만이 아니라 '성령과 신부'가 오라고 이야기합니다.

신부는 그리스도의 신부인 교회를 말합니다. 이는 사람을 불러 구원하는 일을 성령님이 교회와 함께 하신다는 것을 의미합니다. 하나님은 교회를 통해 영혼을 치유하고 구원하시는 일을 하십니다. 또한 이를 다시 생각해 보면 교회가 영혼 구원하는 일을 할 때 혼자 힘으로 하면 안 되고 성령님의 도움을 입어서 해야 한다는 사실을 알 수 있습니다.

그리스도인은 어떤 사람들입니까? 영생을 주는 치료제가 있다는 사실을 알게 된 사람들입니다. 그러므로 우리는 주위에 있는 사람들에게 이 사실을 알리고 그들도 죽음에 이르는 병을 치료받게 해야 합니다. 이를 위해서 하나님께서는 이 땅에 교회를 세워주신 것입니다. 저와 여러분 모두 이 사실을 기억하며 '치유 받은 치유자'로서 이 땅의 죽어가는 영혼을 구원하기 위해 더욱 최선을 다하는 사람이 되어야겠습니다.

"교회란 저명한 그리스도인들을 진열해 보여주는 전시관이 아니라 불완전한 사람들을 교육하는 학교이며, 연약한 자들을 보살피는 유치원이며, 꾸준히 보살펴 줄 필요를 가진 자의 병을 고치는 병원이다."
_ 헨리 와드 비쳐

7

교회는 그리스도의 신부이다

바울의 중매

교회는 그리스도의 신부입니다. 그래서 사도 바울은 자신이 하는 일이 중매하는 일이라고 이야기했습니다.

"원하건대 너희는 나의 좀 어리석은 것을 용납하라 청하건대 나를 용납하라 내가 하나님의 열심으로 너희를 위하여 열심을 내노니 내가 너희를 정결한 처녀로 한 남편인 그리스도께 드리려고 중매함이로다"(고린도후서 11:1-2).

물론 이것은 그냥 중매가 아니고 '영적인 중매'입니다. 다시 말해 바울은 사람들을 전도하여 예수 그리스도에게 인도하는 것을 영적으로 중매하는 일이라고 본 것입니다. 바울이 이와 같이 말한 이유는 '교회는 그리스도의 신부'이기 때문입니다. 성경은 곳곳에 교회가 예수 그리스도의 신부라고 하는 암시가 들어가 있습니다.

"그러므로 사람이 부모를 떠나 그의 아내와 합하여 그 둘이 한 육체가 될지니 이 비밀이 크도다 나는 그리스도와 교회에 대하여 말하노라"(에베소서 5:31-32).

바울은 우리가 잘 아는 남편과 아내의 관계가 실제로는 그리스도와 교회와의 관계에서 유래되었다고 말합니다. 기억하십시오. 이 땅의 결혼 패턴을 따라서 '그리스도와 교회의 하나 됨'이 창조된 것이 아닙니다. 오히려 그 반대입니다. 하나님은 그리스도와 교회의 관계 패턴을 따라 '인간의 결혼 관계'를 만드신 것입니다.[7]

그래서 천국에 가면 더 이상 이 땅의 것과 같은 남자와 여자의 결혼이 없습니다. 왜냐하면 천국에서는 어린 양 예수 그리스도와 그의 신부인 교회의 결혼을 통하여 하나님께서 계획하셨던 결혼이 완성되기 때문입니다.

"우리가 즐거워하고 크게 기뻐하며 그에게 영광을 돌리세 어린 양의 혼인 기약이 이르렀고 그의 아내가 자신을 준비하였으므로 그에게 빛나고 깨끗한 세마포 옷을 입도록 허락하셨으니 이 세마포 옷은 성도들의 옳은 행실이로다 하더라"(요한계시록 19:7-8).

여기에 보면 어린 양의 혼인 잔치를 위하여 자신을 준비한 아내가 나옵니다. 이는 '예수님의 신부'인데 성경은 이들이 '성도'라고 이야기합니다. 이들은 빛나고 깨끗한 세마포를 입고 나오는데 이 모습은 마치 신부가 새하얀 드레스를 입고 신랑을 맞으러 나오는 모습과 흡사합니다. 이같이 신약 성경에서는 교회의 성도를 예수님의 신부로 묘사하고 있습니다. 그런데 하나님은 이미 '구약 성경'에서부터 당신이 택하신 백성과 자신의 관계를 신랑과 신부의 관계로 설명하셨습니다.

"이는 너를 지으신 이가 네 남편이시라 그의 이름은 만군의 여호와이시며 네 구속자는 이스라엘의 거룩한 이시라 그는 온 땅의 하나님이라 일컬음을 받으실 것이라"(이사야 54:5).

"내가 네게 장가 들어 영원히 살되 공의와 정의와 은총과 긍휼히 여김으로 네게 장가 들며"(호세아 2:19).

하나님과 우리와의 관계를 부부의 관계로 설명한 것에 대해 어떤 사람은 조금 어색하게 느껴질 수도 있습니다. 그러나 여기에는 이유가 있습니다. 카일 아이들먼(Kyle Idleman)은 그 이유를 다음과 같이 말합니다.

"왜 하나님은 부부 사이의 사랑을 비유로 사용하셨을까? 남편과 아내의 사랑이 우리가 이해할 수 있는 가장 깊은 사랑이기 때문이 아닐까 싶다. 하지만 사실 하나님이 우리에게 원하시는 관계는 그보다 훨씬 더 깊고도 풍성한 관계다."[8]

인정받는 신부가 되기 위한 방법

교회가 그리스도의 신부라고 할 때, 주님 앞에서 인정받는 신부가 되려면 어떻게 해야 할까요? 다음의 네 가지를 기억해야 합니다.

신부는 신랑을 맞이할 준비를 해야 합니다.

예수 그리스도의 신부는 신랑이신 예수님을 맞이할 준비를 해야 합니다. 성경에 나오는 어린 양의 혼인 잔치는 아직 이루어지지 않았고 미래에 되어질 일입니다. 이는 우리가 비록 예수 그리스도의 신부로 택함을 받았지만, 신랑이신 예수 그리스도의 얼굴을 직접 맞대고 보기 위해서는 아직 시간이 필요하다는 사실을 이야기해 줍니다.

"이 말씀을 마치시고 그들이 보는데 올려져 가시니 구름이 그를 가리어 보이지 않게 하더라 올라가실 때에 제자들이 자세히 하늘을 쳐다보고 있는데 흰 옷 입은 두 사람이 그들 곁에 서서 이르되 갈릴리 사람들아 어찌하여 서서 하늘을 쳐다보느냐 너희 가운데서 하늘로 올려지신 이 예수는 하늘로 가심을 본 그대로 오시리라 하였느니라"(사도행전 1:9-11).

예수님은 승천하셨지만 때가 되면 우리를 다시 데리러 오실 것입니다. 예수님의 이 같은 모습은 유대인의 결혼 풍습과 깊은 관련이 있습니다. 유대인의 결혼 풍습에 의하면 유대의 결혼식은 주로 저녁 무렵에 열렸는데 이 결혼식의 하이라이트는 신랑이 신부 집에 가서 신부를 자기 집으로 데리고 가는 부분입니다.

그런데 가끔 신랑이 신부를 찾아오는 일이 지연되는 경우도 있다고 합니다. 신랑이 장인이나 장모에게 가서 신부를 위한 '결혼 지참금'을 지불하는 과정에서 시간이 오래 걸리는 경우가 있기 때문입니다. 이때 신부가 해야 할 일은 신랑이 늦게 오더라도 낙심하지 말고, 신랑이 오면 언제라도 따라 나갈 수 있도록 자신을 잘 단장하고 기다리는 것입니다.

이 같은 유대의 결혼 풍습은 정확하게 오늘날 성도들의 모습을 보여 줍니다. 예수님은 분명히 다시 오신다고 하셨지만 아직 주님의 재림이 지연되고 있습니다. 이것은 주님이 약속에 신실하지 않아서가 아니라 한 사람이라도 더 구원하기 위하여 재림을 늦추고 계시기 때문입니다.

이러한 때 주님의 신부 된 성도들은 실망하지 말고 끝까지 인내하며 주님을 기다려야 합니다. 유대의 신부가 신랑이 늦게 도착해도 자신을 데려가 줄 것을 믿고 기다리듯이, 믿음의 성도들도 주님이 다시 와서 집으로 데려가 주실 것을 분명히 믿고 기다려야 합니다. 다음은 예수님의 약속입니다.

"너희는 마음에 근심하지 말라 하나님을 믿으니 또 나를 믿으라 내 아버지 집에 거할 곳이 많도다 그렇지 않으면 너희에게 일렀으리라 내가 너희를 위하여 거처를 예비하러 가노니 가서 너희를 위하여 거처를 예비하면 내가 다시 와서 너희를 내게로 영접하여 나 있는 곳에 너희도 있게 하리라"(요한복음 14:1-3).

제대로 된 신부라면 언제나 신랑을 맞이할 준비를 하고 있듯이, 제대로 된 신앙인이라면 언제나 신앙생활에 '종말론적인 긴장'이 있어야 합니다. 즉 이 땅이 전부인 것처럼, 주님이 결코 오시지 않을 것처럼 마음을 푹 놓고 살아서는 안 되는 것입니다. 언제라도 주님이 오시면 다시 만날 수 있도록 자신을 준비시켜 놓는 자세가 필요합니다.

신부는 자신을 정결하게 해야 합니다.

두 번째로 예수 그리스도의 신부는 주님을 만날 때 부끄럽지 않도록 자신을 정결하게 준비시켜야 합니다. 신부라고 하면 가장 먼저 떠오르는 이미지는 무엇입니까? 그것은 순결하고 정결한 모습입니다. 신부의 하얀 면사포가 상징하는 것이 바로 그런 것입니다.

그러므로 신랑은 신부의 다른 것은 좀 용납해 줄 수 있을지 몰라도 신부가 정결하지 않은 것은 용납할 수 없습니다. 성경에는 주님의 교회가 신부라고 이야기합니다. 그런데 성경에 보면 신부와 정반대되는 여자가 나옵니다. '음녀'입니다.

> "또 일곱 대접을 가진 일곱 천사 중 하나가 와서 내게 말하여 이르되 이리로 오라 많은 물 위에 앉은 큰 음녀가 받을 심판을 네게 보이리라"(요한계시록 17:1).

이 음녀의 정체에 대해서는 여러 가지 의견이 있는데, 어떤 학자들은 이 음녀를 '타락한 교회'라고 말하기도 합니다. 이것이 사실이라면 우리는 두려움과 경각심을 가져야 합니다. 지상에 있는 교회가 자신을 깨끗하게 하면 주님의 정결한 신부가 될 수도 있지만, 세상과 벗하다가 타락하면 주님의 심판을 받는 음녀가 될 수도 있기 때문입니다.

"간음한 여인들아 세상과 벗된 것이 하나님과 원수 됨을 알지 못하느냐 그런즉 누구든지 세상과 벗이 되고자 하는 자는 스스로 하나님과 원수 되는 것이니라"(야고보서 4:4).

세상과 벗되는 것이 하나님과 원수되는 것이라고 이야기합니다. 이것은 하나님을 믿는 사람들이 타락한 음녀가 되지 않고 정결한 신부로 주님을 만나고자 한다면 절대로 세상과 짝하면 안 된다는 것을 말해줍니다. 물론 이 말은 세상을 아주 배척하라는 말은 아닙니다. 우리는 육신을 가지고 있기에 세상 가운데서 살아가지 않으면 안 됩니다. 또한 빛과 소금이 되라는 주님의 명령을 지키기 위해서라도 세상 속으로 들어가야 합니다.

그러나 분명히 알아야 할 사실은 우리가 세상으로 들어가는 것은 상관이 없지만, 세상이 우리 속으로 들어와서는 안 된다는 것입니다. 하나님의 사람은 자신을 순수하게 지켜 보존해야 합니다. 주님 보시기에 정결하지 못한 것으로 자신을 더럽히지 않도록 늘 조심해야 합니다. 그것이 신부의 마땅한 태도이기 때문입니다. 다음의 말씀을 기억하십시오.

"평강의 하나님이 친히 너희를 온전히 거룩하게 하시고 또 너희의 온 영과 혼과 몸이 우리 주 예수 그리스도께서 강림하실 때에 흠 없게 보전되기를 원하노라"(데살로니가전서 5:23).

성도는 주님이 오실 때 자신 있게 만날 수 있도록 '영과 혼과 몸'을 거룩하고 흠 없게 보전해야 합니다. 에스더서에 보면 에스더는 왕비로 간택 받는 심사를 받았을 때 바로 왕 앞에 나아갈 수가 없었습니다.

"처녀마다 차례대로 아하수에로왕에게 나아가기 전에 여자에 대하여 정한 규례대로 열두 달 동안을 행하되 여섯 달은 몰약 기름을 쓰고 여섯 달은 향품과 여자에게 쓰는 다른 물품을 써서 몸을 정결하게 하는 기한을 마치며"(에스더 2:12).

왕비 후보로 간택된 여인들은 '몸을 정결하게 하는 기한'이 있었습니다. 이 기간이 거의 1년 가까이 되었습니다. 일종의 미용 요법인데 이 기간 동안 그들은 피부를 곱게 하고 왕 앞에 나아갈 때 아름다운 향기를 발하도록 몰약과 향품으로 몸을 깨끗하게 하며 자신을 준비시켜야 했습니다.

이것은 오늘날 만왕의 왕이신 예수 그리스도 앞에 나아갈 교회가 어떠한 모습으로 준비되어야 하는지를 보여 줍니다. 성경은 성령을 '기름'으로 묘사하고 성령의 임재를 '기름 부으심'으로 표현합니다. 그러므로 그리스도의 신부 된 교회는 장차 예수 그리스도 앞에 설 때 아름다운 영적 향기를 풍기도록 늘 성령의 기름 부으심으로 채워져 있어야 합니다. 이것이 예수 그리스도의 신부 된 교회가 마땅히 가져야 할 영적 태도입니다.

이를 위해 그리스도인은 언제나 기도의 끈을 놓지 말고 성령의 임재를 사모해야 합니다. 세상의 더러운 향기와 냄새로 자신을 더럽히지 않도록 주의하고, 주님을 만났을 때 아름답고 거룩한 향기를 풍길 수 있도록 늘 자신을 영적으로 단장하고 준비시켜야 합니다.

요한계시록에서 어린 양의 신부가 입을 세마포는 '성도의 옳은 행실'이라고 했습니다. 그러므로 그리스도의 신부는 선한 행실로 자신을 치장하고 꾸며야 합니다. 이에 대해서는 바울 사도가 그리스도인 여성들에게 자신을 어떻게 꾸며야 하는지를 설명한 내용이 도움이 됩니다.

> "또 이와 같이 여자들도 단정하게 옷을 입으며 소박함과 정절로써 자기를 단장하고 땋은 머리와 금이나 진주나 값진 옷으로 하지 말고 오직 선행으로 하기를 원하노라 이것이 하나님을 경외한다 하는 자들에게 마땅한 것이니라"(디모데전서 2:9-10).

신부는 신랑을 사랑해야 합니다.

예수 그리스도의 신부는 신랑 되신 예수님을 사랑해야 합니다. 부부 관계에서도 사랑이 없는 결혼 생활은 불행합니다. 그러나 비록 결혼생활에 어려움이 있다고 하더라도 두 사람이 서로를 진심으로 사랑하고 아낀다면 모든 어려움을 이겨낼 수 있습니다.

신부는 이 세상에서 제일 사랑하는 대상이 신랑이어야 합니다. 예수 그리스도의 신부는 누군가가 "이 세상에서 제일 사랑하는 대상이 무엇이냐"라고 물어본다면 "주님입니다. 주님을 가장 사랑합니다"라고 대답할 수 있어야 합니다. 성경은 '하나님보다 더 사랑하는 것'을 '우상'이라고 합니다. 예수 그리스도의 신부는 주님보다 더 사랑하는 것이 있어서는 안 됩니다. 신랑과 신부와의 관계에 사랑이 충만하면 다른 어떤 것이 끼어들지 못합니다. 그러나 사랑이 식으면 다른 것이 틈을 탈 수 있습니다.

"이 세상이나 세상에 있는 것들을 사랑하지 말라 누구든지 세상을 사랑하면 아버지의 사랑이 그 안에 있지 아니하니"(요한일서 2:15).

그리스도인은 세상을 사랑하지 말아야 합니다. 그런데 세상을 사랑하게 되는 이유는 그 안에 아버지의 사랑이 있지 않기 때문입니다. 즉 예수님에 대한 사랑이 식어서 그 사이로 다른 세상적인 것이 들어오게 되는 것입니다. 우리가 세상을 사랑하지 말아야 하는 이유가 무엇입니까?

"이는 세상에 있는 모든 것이 육신의 정욕과 안목의 정욕과 이생의 자랑이니 다 아버지께로부터 온 것이 아니요 세상으로부터 온 것이라 이 세상도, 그 정욕도 지나가되 오직 하나님의 뜻을 행하는 자는 영원히 거하느니라"(요한일서 2:16-17).

이 세상의 사랑은 결국 지나가 버리기 때문입니다. 그러므로 이 세상의 그 어떤 것도 온전한 사랑의 대상이 될 수 없습니다. 심지어는 부부의 사랑도 영원하지 못합니다. 결혼하기 전에는 "너 없으면 못 살겠다"라고 하다가 결혼 후에는 "너 때문에 못 살겠다"라고 하는 경우도 많습니다.

그리고 비록 진실로 사랑하는 부부일지라도 그 사랑이 영원할 수는 없습니다. 결국 죽음 앞에서는 영원한 이별을 경험해야 합니다. 그러므로 이 세상에는 영원히 유지되는 젊음도 없고, 영원히 행복한 사랑도 없습니다. 그래서 부부나 연인 관계에서도 오로지 상대방을 통해서만 나의 모든 필요를 채우려고 하면 반드시 불행해집니다.

그러나 하나님의 사랑은 어떤 사랑입니까? 찬송가 가사에도 나오듯이 '변찮는 주님의 사랑'입니다. 영원히 변하지 않는 사랑입니다. 또한 그 사랑은 생명을 내어놓은 사랑입니다. 신랑 되신 예수님이 신부 되는 교회를 얻기 위해 십자가에서 죽으셨습니다. 그러므로 이 사랑은 이 세상의 어떤 연인도 흉내낼 수 없는 최고의 사랑입니다. 그러므로 우리가 해야 할 일은 무엇입니까? 이 사랑에 반응하는 것입니다. 나의 '마음과 뜻과 목숨'을 다하여 이 놀라운 하나님의 사랑에 응답하는 것입니다.

기억하십시오. 주님에 대한 사랑이 식으면 자꾸 세상이 마음

속으로 파고듭니다. 그러나 주님에 대한 사랑으로 충만해 있으면 이 세상의 것들이 나의 마음을 흔들지 못합니다. 그러므로 주님의 사랑이 마음속에 충만하도록 날마다 주님께 더 가까이 나아가야 합니다.

신부는 신랑에게 헌신해야 합니다.

네 번째로 예수 그리스도의 신부는 신랑 되신 예수님께 진심으로 헌신해야 합니다. 건강한 결혼은 상대방에 대한 헌신에 기초합니다. 만약 결혼한 사람이 여전히 자기중심적으로 모든 것을 생각하고, 상대방에 대하여 조금도 배려하거나 헌신하려고 하지 않으면 그 결혼 관계는 위기에 처할 수밖에 없습니다.

하나님께서는 '파트타임으로 만날 애인'을 구하시는 것이 아닙니다. 가끔 시간이 날 때마다 하나님을 찾는 사람이 아니라 하나님과 온전히 하나 될 신부를 찾고 계십니다. 신부란 온전히 신랑에게 헌신하는 사람입니다. 심심할 때마다 신랑을 찾는 사람은 신부가 될 수 없습니다. 한 사람을 남편이나 아내로 맞이한다는 것은 곧 자신을 헌신하는 행위입니다. 마찬가지로 그리스도인이 된다는 것은 그리스도께 자신을 헌신한다는 뜻입니다.

예수 그리스도를 주님이라고 고백하면서도 그분을 만나고도 삶이 전혀 바뀌지 않고 지금까지 하던 일 그대로 하고, 지금까지 살아왔던 삶의 방식 그대로 살아가는 사람이 너무나 많습니다. 과연 이런 사람을 주님의 신부라고 말할 수 있겠습니까?

성경에 보면 아담이 자신의 신부인 하와를 얻기 위해 희생을 치렀습니다. 아담의 갈빗대로 하와를 만들었으니 그 과정에서 옆구리에 피를 흘리는 대수술을 감행했습니다. 예수님도 자신의 신부인 교회를 얻기 위해 희생을 치렀습니다. 옆구리만 창에 찔린 것이 아니라 손과 발에 못을 박히시고 결국은 피 흘려 돌아가셨습니다.

주님의 이러한 희생과 사랑을 생각할 때 주님의 신부 된 사람은 주님께 전적으로 헌신해야 합니다. 교회 역사를 살펴보면 하나님께서는 '헌신하지 않는 백 사람'보다 '헌신 된 한 사람'을 통해 더 많은 일을 하셨습니다. 우리가 주님께 전적으로 헌신되어 있을 때 주님은 저와 여러분을 통해 상상했던 것 이상의 위대한 일을 하실 것입니다.

신부에 대한 주님의 계획

저는 신학대학원 때 교회사를 공부했습니다. 초대 교회사로부터 중세 교회사, 종교개혁사, 근대 교회사까지 공부하면서 느낀 점이 참 많았습니다. 먼저는 교회가 너무나 많이 타락했었다는 사실을 알게 되었습니다. 중세 암흑시대와 십자군 전쟁, 그리고 마녀사냥에 이르기까지 그리스도의 정결한 신부가 되어야 할 교회가 세상과 타협하고, 잘못된 가르침을 전하기도 했다는 사실이 너무나 부끄러웠습니다.

그러나 그와 동시에 제가 깊이 느꼈던 것이 또 하나 있었습니다. 그것은 그 많은 허물에도 불구하고 교회는 절대로 망하지 않았다는 사실입니다. 그 이유는 흠이 많고 부족한 교회일지라도 교회를 끝까지 포기하지 않고 돌보아 주시는 하나님의 사랑이 있었기 때문입니다.

주님은 지상의 교회가 아무리 타락하고 부족하여도 끝까지 포기하지 않으십니다. 왜냐하면 교회는 당신의 신부이기 때문입니다. 그러므로 주님은 교회를 끝까지 포기하지 않고 당신의 열정으로 빚으시고 만들어 가십니다.

"남편들아 아내 사랑하기를 그리스도께서 교회를 사랑하시고 그 교회를 위하여 자신을 주심 같이 하라 이는 곧 물로 씻어 말씀으로 깨끗하게 하사 거룩하게 하시고 자기 앞에 영광스러운 교회로 세우사 티나 주름 잡힌 것이나 이런 것들이 없이 거룩하고 흠이 없게 하려 하심이라"(에베소서 5:25-27).

이 말씀은 부족하고 흠이 많은 이 땅의 교회에게 소망을 주는 말씀입니다. 주님은 교회를 포기하지 않으십니다. 당신의 목숨을 주고 피 값으로 사신 교회이기 때문에 주님께서는 이 교회가 영광스러운 교회로 서기까지 '티나 주름 잡힌 것이 없이 거룩하고 흠이 없게' 계속해서 만들어 가실 것입니다.

이것은 마치 신부를 사랑하는 신랑이 신부의 결점에도 불구하고 끝까지 인내하고 참아주며 신부를 더 온전한 사랑의 짝으로 만들어 가는 것과 비슷합니다. 이와 마찬가지로 주님께서도 결점과 허물투성이인 교회를 끌어안고 끝까지 포기하지 않으시고 사랑으로 빚으시고 다듬어 가십니다. 여기에 자신의 신부인 교회를 향한 주님의 말할 수 없이 크신 사랑이 있는 것입니다.

이 얼마나 큰 은혜이고 큰 사랑입니까. 주님 앞에서 보잘 것 없고, 아무 내세울 것이 없는 우리를 구원하여 주신 은혜도 감사한데, 계속되는 그 수많은 죄와 허물에도 불구하고, 우리를 계속 다듬어 가셔서 마침내 당신의 형상으로 만들어 가시는 주님의 사랑은 너무나 놀라운 것입니다. 이 사실을 알게 된다면 우리는 주님의 이 위대한 사랑을 찬양하고 높일 수밖에 없습니다. 이사야서에는 하나님이 신부 된 우리를 결국 어떠한 모습으로 빚어 나가시는지가 설명되어 있습니다.

> "내가 여호와로 말미암아 크게 기뻐하며 내 영혼이 나의 하나님으로 말미암아 즐거워하리니 이는 그가 구원의 옷을 내게 입히시며 공의의 겉옷을 내게 더하심이 신랑이 사모를 쓰며 신부가 자기 보석으로 단장함 같게 하셨음이라"(이사야 61:10).

하나님은 우리에게 구원을 주실 뿐만 아니라, 공의의 옷을 입히시며, 보석으로 단장하여 결국은 이 온 우주에서 가장 아름답고 찬란한 신부가 되게 하실 것입니다. 여기에 우리의 소망이 있습니다.

앞으로 우리는 천국에 갈 것입니다. 그리고 주님과 온전히 하나 되어 영원한 행복을 누릴 것입니다. 그러나 천국도 사랑하는 사람이 없으면 천국이 아닙니다. 앞으로 갈 천국이 최고의 천국이 될 수 있는 이유는 우리를 목숨보다 더 사랑하시는 예수님이 '영원한 신랑'이 되기 위해 기다리고 계시기 때문입니다.

앞으로 주님과 누릴 이 사랑은 낡지도 않고 시들지도 않을 것입니다. 세월의 흐름을 따라 사라지지도 않을 것입니다. 이별도 없고 눈물도 없는 영원한 사랑입니다. 이 '우주 최고의 로맨스'가 저와 여러분을 위해 준비되어 있습니다. 이 사실을 기억하며 예수 그리스도의 온전한 신부가 되기 위해 더욱 자신을 정결하게 하고 준비하는 사람이 되어야겠습니다.

"사랑으로 행하는 의무는 결코 지루하지 않다. 거기에는 생명이 있기 때문이다." _ 토머스 머튼

8

교회는 하나님의 군대이다

교회는 군대이다.

교회는 하나님의 군대입니다. 교회가 '그리스도의 신부'라고 하면 여자분들이 잘 와 닿을 것 같고, 교회가 '하나님의 군대'라고 하면 남자분들이 잘 와 닿을 것 같습니다. 교회에는 이 두 가지 모습이 다 있어야 합니다. 주님과 교제할 때는 그리스도의 신부로 달콤한 사랑의 관계를 맺어야 하며, 죄와 싸우고 세상과 싸우고 마귀와 싸울 때는 그리스도의 군사로 전투적인 자세로 임해야 합니다.

물론 그리스도인들이 믿음을 가졌다고 해서 처음부터 늠름한 군사가 될 수는 없습니다. 처음 신앙생활을 할 때는 영적으로 미성숙하고 어린아이 같은 모습이 있을 수밖에 없습니다. 그러나 언제까지나 그런 모습으로 살아서는 안 됩니다. 신앙의 연륜이 쌓이면서 점차 예수 그리스도의 군사다운 모습을 갖추어야 합니다. 성경 곳곳에는 예수님을 믿는 성도들을 하나님의 군사로 지칭합니다.

"그러나 에바브로디도를 너희에게 보내는 것이 필요한 줄로 생각하노니 그는 나의 형제요 함께 수고하고 함께 군사 된 자요 너희 사자로 내가 쓸 것을 돕는 자라"(빌립보서 2:25).

바울은 에바브로디도가 '함께 군사 된 자'라고 이야기합니다. 이 말은 그도 군사이고 바울도 군사라는 것입니다. 빌레몬서에도 이와 비슷한 내용이 나옵니다.

"자매 압비아와 우리와 함께 병사 된 아킵보와 네 집에 있는 교회에 편지하노니"(빌레몬서 1:2).

빌레몬은 그의 집에 가정 교회가 있었던 것 같습니다. 그런데 이 빌레몬의 아내가 압비아라는 사람이고, 아킵보는 빌레몬의 아들로 짐작됩니다. 그런데 바울은 그를 '우리와 함께 병사된 자'라고 말합니다. 이 말속에는 바울이 보기에 아킵보가 '믿음직스럽고 든든하게 보인다'라고 하는 의미가 들어가 있습니다.

일반적으로 교회에는 세 가지 종류의 사람들이 있습니다. '교회 참석자와 신앙인과 제자'입니다. '교회 참석자'는 그냥 교회만 다니는 사람들입니다. 아직 이들은 믿음이 확실치 않은 사람들입니다. 그래도 안 다니는 것보다는 낫습니다. 이렇게 교회 다니다 보면 믿음이 생길 것이기 때문입니다. 어쨌든 이 단계에서도 열심히 다녀야 합니다.

그리고 그다음 단계로 '신앙인'이 있습니다. 이들은 예수 그리스도를 구세주로 고백하는 사람들입니다. 그러나 이러한 사람들 가운데도 적당히 신앙생활하는 사람들이 많습니다. 온전한 마음으로 주님을 따르지 않는 사람들이 많은 것입니다.

그래서 주님은 '제자'를 요구하십니다. 제자는 주님을 온전히 따르는 사람입니다. 그런데 흥미로운 사실은 복음서와 사도행전을 지나고 나면 '제자'라는 말이 성경에 전혀 나오지 않는다는 것입니다. 고린도전서 15장 5절에 "주님께서 부활하셔서 열두 제자에게 보이셨다"라는 말씀에 딱 한 번 나오고 그 외에는 제자라는 말이 단 한 번도 안 나옵니다.

성경 서신서는 제자라는 말보다는 오히려 군사나 병사라는 말을 더 많이 사용합니다. 사실 제자는 따르는 사람들이지만 군사는 완전히 목숨을 거는 사람들입니다. 제자가 되는 것은 희생을 요구하지만, 군사는 전쟁을 치르는 사람들이기 때문에 생명을 요구합니다. 그러므로 어떻게 보면 제자보다 군사가 더 강한 어감을 주는 말일 수도 있습니다. 그래서 어떤 교회에서는 '제자 훈련' 다음 단계로 '군사 훈련'을 시키는 교회도 있습니다.

어쨌든 하나님은 그리스도인들이 제자의 단계를 넘어서 군사의 단계가 되기를 원하십니다. 그런데 군사를 키우고 훈련시키는 곳이 바로 군대입니다. 그러므로 '교회는 하나님의 군대'라고 말할 수 있습니다. 교회가 군대가 되어야 하는 이유는 그리스도인들은 사탄과 마귀의 공격에 언제나 노출되어 있기 때문입니다. 그래서 성경에서 바울은 다음과 같이 명령합니다.

"끝으로 너희가 주 안에서와 그 힘의 능력으로 강건하여지고 마귀의 간계를 능히 대적하기 위하여 하나님의 전신 갑주를 입으라"(에베소서 6:10-11).

바울은 성도들에게 "전신 갑주를 입으라"라고 명령하고 있습니다. 왜냐하면 그리스도인들은 현재 영적 전쟁을 치르고 있기 때문입니다. 이 세상에 중립 지대는 없습니다. 우리는 마귀에게 속해 있든지 하나님께 속해 있든지 둘 중의 하나입니다.

    마귀는 자신에게 속해 있을 때는 가만히 있지만, 우리가 하나님께로 돌아서면 싫어합니다. 그래서 신앙생활을 하기 시작하면 마귀가 시험을 주거나 어려움을 주기도 합니다. 그러나 그것을 두려워할 필요는 없습니다. 우리의 대장은 예수 그리스도이시기 때문입니다.

    그러므로 그리스도인은 이미 이겨 놓은 싸움을 하는 사람들입니다. 예수님은 이미 십자가 위에서 사탄의 머리를 깨트리셨습니다. 그러므로 이 사실을 믿고 담대히 나가면 됩니다. 그러나 혼자 싸워서는 안 되고 교회의 도움을 받아야 합니다. 영적 전쟁을 치르기 위해서 힘을 보충할 후방이 있어야 합니다. 전쟁을 치르는 사람들은 본부 부대가 있어야 합니다. 싸움에 필요한 훈련도 시켜주고, 또 전쟁시에는 물자도 보급해 주고, 총알도 공급해 주고, 포탄도 날려 보내주는 그런 후방 부대가 있어야 합니다. 영적으로 보면 교회가 바로 그런 역할을 해줄 수 있는 곳입니다.

    성도들은 매주 교회에 나와서 은혜를 받음으로 한 주간 세상에 나가서 영적 전쟁을 치를 힘을 얻습니다. 삶에 고달프고 지친 사람은 교회에 와서 예배를 통해 힐링을 경험하고, 인생의 어려움을 당하게 되면 교회에 도움을 요청하거나 중보 기도를 통해 새로운 힘을 공급받기도 합니다.

치열한 영적 전쟁에서 교회가 없다면 혼자 외롭게 싸워야 합니다. 각개 전투는 위험합니다. 대적 마귀가 호시탐탐 노리고 있는데 뿔뿔이 흩어져서 싸우면 안 됩니다. 그래서 교회가 필요합니다. 매주 교회에 나와서 같이 예배드리고 기도하면서 이 세상과 마귀를 이길 힘을 얻는 것입니다. 그러므로 교회는 영적 비이스캠프입니다. 이곳에서 우리는 훈련받고 영적 능력을 공급받습니다.

이를 위해 우리는 늘 자기 자리를 지키고 있어야 합니다. 보초병이 보초 서는 자리에 없으면 어떻게 되겠습니까? 참호를 지키는 군인이 자리를 비우면 어떻게 되겠습니까? 하나님께서 부르신 군사는 먼저 자신의 자리를 잘 지켜야 합니다. 예배의 자리, 기도의 자리, 헌신의 자리를 잘 지키는 사람이 되어야 합니다. 군대에서 자리를 이탈하는 사람이 자꾸 나오면 그 군대는 기강이 해이해져서 전투에서 승리할 수 없습니다.

그래서 군대에서 가장 열심히 하는 것이 인원 파악입니다. 군대에서는 조금만 움직여도 곧바로 인원 파악을 합니다. 머리 형

태도 비슷하고 군복도 비슷하기 때문에 사람이 빠지면 잘 알 수 없습니다. 그래서 자꾸 인원 파악을 합니다.

교회에서도 인원 파악이 중요합니다. 매주 누가 나오고 누가 빠졌는지를 잘 파악해야 합니다. 예수님도 인원 파악을 열심히 하셨습니다. 100마리 양 중에 잃어버린 양 한 마리가 있다는 것을 어떻게 아셨겠습니까? 양들의 숫자를 파악하다 보니까 알게 되신 것입니다. 교회도 하나님의 군대에 낙오병이 없도록 잃어버린 영혼에 늘 관심을 가지고 신경을 써야 합니다.

훈련되지 않은 사람은 쓰임 받지 못합니다.

군대로서의 교회가 해야 할 중요한 사명은 바로 성도들을 그리스도의 군사로 훈련시키는 것입니다. 그리스도인은 성격이 좋거나 믿음이 좋은 것으로는 부족합니다. 하나님께 쓰임 받고자 하는 사람은 훈련이 되어야 합니다. 군대에서 잘 쓰는 말 중에 "훈련시에 흘린 땀 한 방울이 전쟁시에 피 한 방울과 같다"라는 말이 있습니다. 평상시에 훈련을 제대로 받아 놓아야 위급한 순간에 어려움을 당하지 않게 됩니다.

흔히 하는 말로 "전쟁에는 2등이 없다"라는 말이 있습니다. 운동경기의 2등은 은메달을 받기 때문에 영광스럽습니다. 학업

성적이 2등이라면 우등생으로 칭찬을 받을 만합니다. 그러나 전쟁에서의 2등은 곧 죽음입니다. 이것은 목숨을 건 무술 대련에서도 마찬가지입니다. 중국 무술을 하는 대가들이 하는 말이 있습니다. "쿵후에는 오직 수평과 수직만 있다. 진 사람은 수평이다. 쓰러져서 누워 있게 된다. 이긴 사람은 수직이다. 꼿꼿이 서 있게 된다."

총알이 난무하는 전쟁에서의 패배는 곧 죽음을 의미합니다. 그러므로 전쟁에서는 반드시 이겨야만 합니다. 이를 위해서는 평상시의 철저한 훈련이 중요합니다. 이것은 영적 전쟁에서도 마찬가지입니다. 사탄은 우리에게 인정사정없습니다.

"근신하라 깨어라 너희 대적 마귀가 우는 사자 같이 두루 다니며 삼킬 자를 찾나니"(베드로전서 5:8).

마귀는 '우는 사자'와 같습니다. 마귀는 특별히 하나님을 믿는 사람들을 더 집중적으로 공격하여 무너뜨리려고 합니다. 그러므로 정신을 바짝 차리고 철저하게 준비하고 훈련해야 합니다. 훈련이 쉽고 재미있는 사람은 없습니다. 그러나 무방비 상태로 있다가는 속수무책으로 당할 수밖에 없기 때문에 열심히 훈련을 해야 합니다. 성경에는 좋은 군인의 태도가 나옵니다.

"너는 그리스도 예수의 좋은 병사로 나와 함께 고난을 받으라 병사로 복무하는 자는 자기 생활에 얽매이는 자가 하나도 없나니 이는 병사로 모집한 자를 기쁘게 하려 함이라"(디모데후서 2:3-4).

일단 군인은 고생할 각오를 해야 합니다. 그러므로 쉽고 편하게 살고 싶은 사람은 군인이 되면 안 됩니다. 군인은 모든 것이 불편합니다. 옷차림도 불편하고, 잠자리도 불편하고, 먹고 자는 것도 불편합니다. 예수 그리스도의 군사는 이러한 불편을 각오해야 합니다.

또한 군인은 아무거나 먹을 수 없습니다. 그리스도인도 먹지 말아야 할 것이 있습니다. 보지 말아야 할 것이 있습니다. 가지 말아야 할 곳이 있습니다. 옷차림도 조심해야 합니다. 말도 조심해야 합니다. 불편한 것들이 많습니다. 거기에다가 예수님 때문에 환난을 당하고 핍박을 받을 수도 있습니다. 그러나 그리스도의 군사는 이 모든 고난을 각오해야 합니다.

또한 군사로 부름 받은 사람의 특징은 '자기 생활에 얽매이지 않는다'라는 것입니다. 일단 국가의 부름을 받았으면 이제 더 이상 자기 몸이 아닙니다. 국가의 소유입니다. 그래서 내 마음대로 시간을 사용하지 못합니다. 성경은 "병사로 복무하는 자는 자기 생활에 얽매이는 자가 하나도 없나니"라고 말합니다. 군인이 자기 시간을 자기 것이라고 마음대로 사용하면 군인 자격이 없습니다. 군인은 자기 시간을 주장하지 않습니다.

그런데 오늘날 그리스도의 군사라고 하는 교회 성도들은 어떻습니까? 바쁜 일이 생기면 자신의 일이 먼저인 경우가 많습니다. 특별히 청년들을 보면 대부분 자신의 스케줄에 얽매여 하나님 일을 잘하지 못합니다. 이것은 훈련되지 않았기 때문입니다. 우리가 승리하는 그리스도인으로 살려면 훈련을 받아야 합니다. 예배 안 빠지고 나오는 것도 훈련입니다. 기도하는 것도 훈련이고, 말씀 보는 것도 훈련이고, 헌금하는 것도 훈련입니다. 무엇보다 자기를 내려놓는 훈련을 해야 합니다.

성경은 군인은 자신을 모집한 자를 기쁘게 하려고 충성한다고 이야기합니다. 군인의 특징은 충성하는 것입니다. 영적 군사의 특징은 하나님께 충성하는 것입니다. 하나님은 묵묵히 자기 일을 열심히 하는 충성스러운 사람을 쓰십니다. 그러므로 우리는 흔들리지 말아야 합니다. 감정의 기복이 심하고 작은 일에 자꾸 흔들리는 사람은 하나님이 사용하지 못합니다. 힘들더라도 꾸준하고 성실하게 자신의 자리를 잘 지키는 사람을 쓰십니다.

"사람이 마땅히 우리를 그리스도의 일꾼이요 하나님의 비밀을 맡은 자로 여길지어다 그리고 맡은 자들에게 구할 것은 충성이니라"(고린도전서 4:1-2).

하나님이 우리에게 요구하시는 것은 충성입니다. 또한 군인의 특징 중의 하나는 상관의 명령에 절대복종하는 것입니다. 군인이 만일 상관의 명령에 복종하지 않는다면 그 사람은 감옥에 가야 합니다. 전시 상황이면 즉결 처형입니다. 십자가의 군병인 하나님의 자녀들도 그리스도의 명령에 절대복종해야 합니다. '순종'이란 이해하고 따라가는 것을 말합니다. 그러나 '복종'이란 이해가 안 되어도 따라가는 것입니다.

일반 병사들이 지휘관의 뜻을 다 알 수 없습니다. 일반 병사는 전쟁 상황을 잘 알 수가 없습니다. 그러나 지휘관은 고성능 장비나 여러 가지 방법으로 많은 정보를 가지고 있습니다. 그들은 이러한 정보를 바탕으로 판단하고 전쟁을 지휘합니다. 그러므로 군인은 지휘관의 명령에 절대복종해야 합니다. 성경은 다음과 같이 말합니다.

"하나님의 어리석음이 사람보다 지혜롭고 하나님의 약하심이 사람보다 강하니라"(고린도전서 1:25).

하나님은 우리보다 훨씬 지혜로운 분이십니다. 그러므로 나의 인생에 가장 좋은 것이 무엇인지 가장 잘 알고 계십니다. 그러므로 하나님의 뜻에 절대적으로 따르고 순종하는 것이 나에게도 축복이 되는 것입니다.

공장에서는 제품이 나와야 하듯이 군대에서는 군사가 나와야 합니다. 아무리 못난 오합지졸도 군대에서 몇 주 훈련 받고 나면 군기가 딱 잡힌 군사가 됩니다. 그러므로 아무리 10년 20년 다녀도 교인들이 전혀 변화가 없고 조금도 영적 군사로서의 모습을 가지지 못한다면 그 교회는 문제가 있는 것입니다. 교회는 영적 신병 훈련소입니다. 제대로 된 교회라면 그리스도와 함께 기꺼이 고난을 받고자 하는 영적 군사들을 많이 배출해야 합니다. 에스겔의 마른 뼈들이 군대로 일어섰듯이 세상에서 보잘것없는 사람도 교회를 다니게 되면 하나님의 위대한 군사로 변화될 수 있어야 합니다.

그래서 교회에는 예배만 있으면 안 되고 훈련이 있어야 합니다. 우리는 기본기를 제대로 다져야 합니다. 권투 선수들은 경기 중반을 넘어서면 체력이 떨어집니다. 그러면 어떤 때는 무의식 상태에 빠집니다. 그런데 연습을 많이 해 놓으면 무의식중에도 주먹이 나갑니다. 농구 선수 마이클 조던은 지독한 연습벌레였다고 합니다. 그래서 그는 아무리 체력이 떨어져도 무의식중에도 정확한 슛을 쏠 수가 있었다고 합니다. 이 모든 것은 평소에 철저한 연습과 훈련에 의해서 되는 것입니다.

신앙생활에도 승리의 비결이 있습니다. 그냥 오랫동안 다닌다고 일류 신자가 되는 것이 아닙니다. 훈련을 받아야 합니다. 교회 안에서 훈련을 잘 받아야 하나님의 좋은 군사로 쓰임 받을 수 있습니다.

오늘날 현대 교회의 문제

오늘날 현대 교회의 문제가 무엇입니까? 교회 안에 훈련되지 않은 성도들로 가득 차 있다는 것입니다. 교회가 훈련된 하나님의 정병들로 가득 차 있어야 하는데 아직 신앙이 미성숙한 사람들이 너무나 많습니다. 그리스도 예수의 십자가의 군병으로 우뚝 서서 세상을 뒤집어 놓고 바꾸어 놓아야 할 그리스도인들이 매일 자신의 문제에 빠져 있으면 어떻게 되겠습니까? 그러므로 정신을 바짝 차려야 합니다. 하나님은 우리를 군사로 부르셨는데 평생 유치원생 수준으로 신앙생활하다가 하나님 앞에 가서야 되겠습니까?

구약을 보면 이스라엘 백성은 노예에서 해방된 다음에는 하나님의 군대로 세워졌습니다. 약속의 땅을 차지하기 위해 이스라엘 백성은 전투를 치러야 했습니다. 그들은 하나님의 축복을 그저 앉아서 받은 것이 아닙니다. 피를 흘리고 희생을 하고 전투를 치러야 했습니다. 지금도 하나님은 군사를 필요로 하십니다. 이 시대는 교회사적으로 보면 예수님의 재림을 기다리는 마지막 시대입니다. 그러므로 예수님의 재림을 앞당기기 위해 마지막 영적 전쟁을 치를 군대가 필요합니다.

오늘날 우리 그리스도인들은 초대 교회의 야성을 잃어버렸습니다. 그 이유는 세상에 너무 많이 길들어져 버려서 그렇습니다. 밀림을 포효하며 다녀야 할 사자가 동물원에 갇혀 사육사가 던져주는 먹이로 만족하게 된 것처럼, 오늘날 그리스도인들도 너무 세상에 길들어져 그저 안일하게 하나님의 축복을 받는 것만을 인생 목표로 하고 살아가게 된 것은 아닌지 고민해 볼 필요가 있습니다.

저와 여러분은 시시하게 신앙생활 하는 것으로 만족할 것이 아니라 한 번밖에 없는 인생, 하나님의 군사로 제대로 훈련받아서 멋있게 쓰임 받고자 하는 열망이 있어야 합니다. 이를 위해 내가 누구인가 하는 자기 정체성이 중요합니다.

신학자들은 이 땅의 교회를 '전투적인 교회'(church militant)라고 부릅니다. 왜냐하면 이 땅에서 교회는 죄와 사탄과 맞서 싸워야 하기 때문입니다. 그러나 성경이 말하는 교회에는 '전투적인 교회'만 있는 것이 아닙니다. '승리한 교회'(church triumphant)도 있습니다. 이것은 지상 교회가 아니라 이 땅에서의 모든 싸움을 마치고 천국에서 승전가를 부를 천국 교회를 말합니다. 요한계시록에서 이 교회의 모습을 발견할 수 있습니다.

> "또 내가 보니 불이 섞인 유리 바다 같은 것이 있고 짐승과 그의 우상과 그의 이름의 수를 이기고 벗어난 자들이 유리 바다 가에 서서 하나님의 거문고를 가지고 하나님의 종 모세의 노래, 어린 양의 노래를 불러 이르되 주 하나님 곧 전능하신 이시여 하시는 일이 크고 놀라우시도다 만국의 왕이시여 주의 길이 의롭고 참되시도다"(요한계시록 15:2-3).

그리스도인은 현재의 싸움이 고통스럽더라도 궁극적으로는 교회가 승리하게 되어 승전가를 부를 것을 생각하면 큰 위로를 받게 됩니다. 하지만 반드시 기억해야 할 사실이 있습니다. 그것은 우리가 '전투하는 교회'가 되지 않고는 '승리하는 교회'가 되지 못한다는 사실입니다. 이를 위해 먼저 사탄과 싸워 이기고 죄와 싸워 이겨야 합니다. 성경은 다음과 같이 말합니다.

"너희가 죄와 싸우되 아직 피흘리기까지는 대항하지 아니하고"
(히브리서 12:4).

우리는 앞서간 믿음의 선배들이 피흘리기까지 싸웠던 것을 기억해야 합니다. 16세기 종교 개혁자 가운데 가장 전투적인 자세로 영적 싸움에 임했던 사람은 아마 존 낙스(John Knox)일 것입니다. 그는 스코틀랜드의 종교 개혁자로서 당시 수많은 기독교인을 학살하여 '피의 여왕'(Bloody Mary)이라고 불렸던 메리 여왕의 잘못된 종교 정책에 대항하여 소리를 높였습니다.

그의 전투적인 기도는 유명합니다. 그는 자신의 나라를 위해 다음과 같은 기도를 드렸습니다.

"하나님, 제게 스코틀랜드를 주시옵소서. 아니면 죽음을 주시옵소서."

그의 능력 있는 기도는 메리 여왕을 떨게 만들었습니다. 메리 여왕은 100만 군대보다 존 낙스의 기도가 더 무섭다고 했습니다. 존 낙스는 다음과 같이 말했습니다.

"예수 그리스도를 위해 싸우는 이때 그분과 함께 굳게 서십시오. 곧 싸움이 끝나고 영원한 승리가 찾아올 것입니다. 왜냐하면 주님께서 친히 그 놀라운 권능으로 우리를 보호하실 것이기 때문입니다. 그분은 싸움이 가장 치열할 때 우리에게 승리를 안겨 주실 것입니다. 그분은 우리의 눈물을 영원한 기쁨으로 바꿔 주실 것입니다."[9]

그렇습니다. 비록 지금은 전투적인 교회로 사탄과 치열한 싸움을 싸워야 하지만 얼마 후에는 승리하는 교회로 주님과 함께 기쁨을 누리는 날이 올 것입니다. 그러므로 지금 해야 할 일은 예수 그리스도의 군사로 우뚝 서는 것입니다. 사도 바울은 다음과 같이 말하였습니다.

"깨어 믿음에 굳게 서서 남자답게 강건하라"(고린도전서 16:13).

'남자답게 강건하라'라고 해서 이것을 남성들에게만 주는 말씀이라고 생각하면 안 됩니다. '그리스도의 정결한 신부가 되라'라는 말씀이 여성들에게만 주는 말씀이 아니듯이, 그리스도의 군사로서 강하고 담대하게 서라는 말씀은 남자들에게만 주는 말씀이 아닙니다. 남자든 여자든 우리는 모두 그리스도의 군사입니다. 그러므로 굳게 서야 합니다. 마지막 최후의 승리의 나팔이 울리기까지 그리스도의 군사로서 우리에게 맡겨진 영적 전정을 끝까지 잘 치러야 합니다.

"우리는 구원을 얻기 위해 싸우는 것이 아니라 구원을 얻었기 때문에 싸운다." _ 딘 셔만

9

교회는 비전 공동체이다

교회의 비전

교회는 '비전 공동체'입니다. 이는 하나님께서 교회를 통해 특별히 이루고자 하는 목적이 있으시다는 뜻입니다. 그러므로 이것이 무엇인지를 분명하게 알아서 여기에 맞는 반응을 해야 하나님이 기뻐하시는 교회가 될 수 있습니다.

그렇다면 교회의 비전은 무엇일까요? 그것은 예수님의 명령과 직접 관련이 있습니다. 예수님은 승천하시기 전에 다음과 같은 말씀을 주셨습니다.

"예수께서 나아와 말씀하여 이르시되 하늘과 땅의 모든 권세를 내게 주셨으니 그러므로 너희는 가서 모든 민족을 제자로 삼아 아버지와 아들과 성령의 이름으로 세례를 베풀고 내가 너희에게 분부한 모든 것을 가르쳐 지키게 하라 볼지어다 내가 세상 끝날까지 너희와 항상 함께 있으리라"(마태복음 28:18-20).

이것을 소위 '지상 대명령'이라고 합니다. 영어로는 'The Great Commission'입니다. 이것은 주님이 이 땅을 떠나시기 전에 마지막으로 남긴 말씀이기에 교회가 가장 중요하게 생각해야 하는 말씀입니다. 그러므로 교회는 주님의 이 명령을 이루는 것을 '교회의 핵심 비전'으로 삼아야 합니다. 그리고 이는 교회의 비전이기도 하지만 동시에 예수님의 비전이기도 합니다. 예수님께서는 십자가를 통해 완성하신 이 기쁜 구원의 소식을 모든 민족이 알기를 원하십니다. 그리고 무엇보다 교회를 통하여 이 복음의 소식이 전해지기를 원하십니다.

그러므로 가깝게는 전도, 멀리는 선교를 위해서 교회가 존재하는 것입니다. 만약에 교회가 다른 영혼들을 구원하는 일을 하지 않으면 교회는 예수님의 가장 중요한 명령을 이행하지 않는 것이 됩니다. 그러므로 교회는 끊임없이 시야를 넓혀야 합니다. 자기 교회 교인만 보면 안 되고 구원받지 못한 영혼들을 보아야 하고, 전 세계적으로 하나님을 모르고 죽어가는 영혼들을 보아야 합니다. 그래서 싱클레어 퍼거슨(Sinclair B. Ferguson)은 교회에 속한다는 것은 "지역에서 예배하고 섬기는 공동체에 속하지만, 그 시야가 땅의 끝과 역사의 끝까지 미치는 것"[10]이라고 말했습니다.

그러나 안타깝게도 오늘날 많은 교회가 처음 교회를 세우신 주님의 비전을 잊어버리고 세속화되어 가고 있습니다. 교회는 죽어가는 영혼들을 구원하기 위해 세워졌는데 이 일을 위해 모여든 사람들은 자신의 필요를 채우는 데 집중하다가 보니 정작 교회의 진정한 비전인 영혼 구원의 사역은 잊어버리는 경우가 많습니다.

여러분은 어떻습니까? 성경에 따르면 교회를 구성하고 있는 나 자신이 바로 그리스도의 교회인데 여러분은 교회를 다니는 목적이 어디에 있습니까? 한 사람이라도 더 전도하여 주님의 지상 대명령을 이루는 데 교회의 목적이 있다고 생각하며 다니고 있습니까?

제가 미국에 갔을 때 만난 어떤 목사님이 하신 말씀이 잊혀지지가 않습니다. 그 목사님은 자신의 교회 장로님들에게 이렇게 도전한다고 합니다.

"장로님이 언제 장로가 되었는지, 신앙생활을 얼마나 오래 했는지가 중요한 것이 아닙니다. 장로님을 통해 몇 명의 영혼이 구원을 받았는지, 장로님을 통해 몇 명의 사람이 변화를 받았는지 그것이 중요합니다."

저는 그분의 말씀을 들으면서 신선한 충격을 받았습니다. 솔직히 오늘날 교회에서 직분을 받게 되면 그것이 하나의 벼슬로 굳어져서 교회에서 대접받고 인정받으려고 하다가 교회의 비전을 이루는 데 도움이 되기보다는 오히려 방해가 되는 경우가 얼마나 많습니까?

이것은 교회에 출석하는 사람들이 교회를 하나님의 뜻을 이루는 '비전 공동체'라고 하는 관점에서 보지 않기 때문에 일어나는 일입니다. 이는 한국 교회의 문제만이 아닙니다. 유럽 교회들이 이토록 무너지고 술집으로 바뀌고 이슬람 사원으로 바뀌게 된 이유도 그들이 더 이상 영혼 구원에 관심을 가지지 않게 되었기 때문입니다. 다시 말해서 교회가 진정한 비전을 잊어버렸기 때문에 이런 결과를 가져온 것입니다.

오늘날 현실을 보면 마음이 너무 아프고 답답합니다. 이 세상에서 놀고 즐기는 곳에서는 젊은이들을 쉽게 만날 수 있습니다.

야구장이나 축구장뿐 아니라 영화관, 뮤지컬 극장, 술집, 나이트클럽 등에는 젊은이들이 가득 차 있습니다. 그러나 유독 젊은이들이 잘 보이지 않는 곳이 있습니다. 바로 교회입니다.

  옛날에는 교회에 젊은이들이 참 많았습니다. 그러나 지금은 전혀 상황이 달라졌습니다. 젊은 사람들을 만나기가 어렵습니다. 왜 이렇게 되었을까요? 교회가 젊은이들에게 인생의 참된 의미와 비전을 주지 못하니까 그들이 엉뚱한 데서 인생을 낭비하며 살아가게 된 것입니다. 그러므로 우리는 예수 그리스도의 이 중요한 지상 대명령의 말씀을 다시금 교회의 핵심 비전으로 삼아야 합니다. 마가복음에도 이와 유사한 내용이 나옵니다.

> "또 이르시되 너희는 온 천하에 다니며 만민에게 복음을 전파하라"(마가복음 16:15).

  이 비전을 교회의 DNA에 깊이 새기고, 이 말씀이 교회의 뼈가 되고 살이 되고 심장이 되어서 이 말씀 앞에 전심으로 반응하고, 이 비전을 이루는 데 총력을 기울여야 합니다. 그렇게 할 때 우리가 속한 교회는 진정 하나님이 기뻐하시는 교회가 될 것입니다.

내 삶의 비전

개인의 삶도 마찬가지입니다. '주님의 비전'을 '나의 비전'으로 삼을 때 그 인생은 진정으로 위대한 인생이 될 수 있습니다. 바울이 바로 이러한 비전을 가진 사람이었습니다.

> "내가 달려갈 길과 주 예수께 받은 사명 곧 하나님의 은혜의 복음을 증언하는 일을 마치려 함에는 나의 생명조차 조금도 귀한 것으로 여기지 아니하노라"(사도행전 20:24).

인간이 진정 인간다운 삶을 살기 위해서는 자신의 존재 목적을 알아야 합니다. 이것은 다른 말로 하면 내가 무슨 일을 하기 위해 지음을 받았는가 하는 것을 알아야 한다는 것입니다. 많은 사람이 자신의 존재 가치를 명품이나 멋진 외모, 혹은 다른 사람의 인정이나 칭찬에서 얻으려고 합니다. 하지만 인간의 존재 가치는 하나님 나라를 위한 사명을 통해 존재 가치가 드러나게 됩니다. 즉 하나님께서 나에게 맡겨주신 일을 내가 얼마나 힘써 행하는지에 따라 나의 존재 가치가 증명되는 것입니다.

하지만 오늘날의 젊은이들 가운데 자신의 존재 이유를 이렇게 하나님과의 관계에서 찾으려고 하는 사람들이 몇 명이나 됩니까? 안타깝게도 그리스도인 청년들 가운데도 이 같은 사람을 찾아보기가 쉽지 않습니다. 그러다 보니 교회가 하나님을 위한 나의 비전을 실현하게 해주는 장소가 아니라 놀고 교제하고 친교하는 사교 클럽 비슷한 곳으로 변해 버렸습니다. 그렇게 볼 때 결국 오늘날 교회의 위기는 세속화의 위기이고, 이 세속화의 위기는 교회의 비전이 세속화되어서 생긴 위기입니다. 성경은 다음과 같이 이야기합니다.

> "하나님이 말씀하시기를 말세에 내가 내 영을 모든 육체에 부어 주리니 너희의 자녀들은 예언할 것이요 너희의 젊은이들은 환상을 보고 너희의 늙은이들은 꿈을 꾸리라"(사도행전 2:17).

'너희의 젊은이들은 환상을 보고'라는 말을 영어로 하면 "your young men will see visions"(NIV)입니다. 젊은이들이 '환상'을 본다는 말이 영어로 보면 '비전'을 본다는 말입니다. 성령이 오셔서 하시는 일은 우리에게 비전을 주시는 일입니다. 그러므로 우리는 성령님이 오셔서 하나님 나라의 비전을 부어 주시도록, 그래서 우리의 남은 인생이 주님께서 주신 거룩한 비전을 이루는 데 쓰임 받도록 간절히 기도해야 합니다. 이를 위해서 기도할 때마다 "하나님, 제게 주신 하나님의 거룩하신 뜻과 비전은 무엇입니까?", "하나님의 비전을 위해 제가 교회에서 어떻게 쓰임 받기를 원하십니까?"라고 계속해서 물어보아야 합니다.

복음은 사람의 생명을 살리는 일입니다. 그리고 그 일을 하기 위해 하나님께서 이 땅에 교회를 세우셨습니다. 그러므로 여러분이 교회와 함께 이 놀라운 사명에 동참하게 될 때 여러분의 삶에 참된 기쁨과 감격이 넘치게 될 것입니다.

사도행전을 보면 초대 교회 성도들의 복음에 대한 뜨거운 열정과 헌신의 이야기가 많이 나옵니다. 특별히 성경에 나오는 브리스가(브리스길라)와 아굴라 부부는 많은 도전을 줍니다. '브리스가'는 로마 여인이고, '아굴라'는 디아스포라 유대인으로 흩어져 살던 유대인의 자손입니다. 그런데 성경에서는 남편인 아굴라보다 부인인 브리스가의 이름이 더 앞에 나옵니다. 그 이유는 부인이 명문가 집안 출신이거나 초대 교회에서 더 영향력 있게 활동했기 때문인 것 같습니다.

두 사람은 결혼하여 로마에서 살고 있었는데 당시 로마 황제 '글라우디오'가 유대인의 폭동을 두려워하여 로마에 있는 유대인들을 추방했습니다. 그래서 이 두 사람이 자신이 생활하고 있던 터전을 잃어버리고 로마를 떠나 고린도에서 장막 짓는 일을 하면서 지내고 있었는데 거기에서 바울을 만나게 되었습니다.

바울도 장막 짓는 기술이 있어서 그쪽 일을 하며 복음을 전하고 있었는데 업종이 같다 보니 바울과 이 부부가 만나서 같이 일을 하게 되었고, 나중에는 복음의 동역자가 되어 같이 교회를 개척하여 섬기게 되었습니다. 이 부부는 '고린도교회'를 개척하여 섬기는 일에도 바울과 협력하였으며, 바울이 '에베소'로 선교 여행을 갈 때도 같이 따라가서 교회를 개척하였습니다. 나중에 바울이 이 부부를 회상하면서 다음과 같이 이야기합니다.

> "너희는 그리스도 예수 안에서 나의 동역자들인 브리스가와 아굴라에게 문안하라 그들은 내 목숨을 위하여 자기들의 목까지도 내놓았나니 나뿐 아니라 이방인의 모든 교회도 그들에게 감사하느니라"(로마서 16:3-4).

이 얼마나 놀랍고 아름다운 이야기입니까? 바울을 만나기 전까지는 이 부부는 떠돌이 나그네 인생에 불과했습니다. 자신이 몸담고 있던 로마에서 쫓겨나서 낯선 이방 땅에서 이리저리 옮겨 다니며 하루하루 벌어 먹고사는 데에만 정신이 팔려있던 그런 인생이었습니다. 그런 그들이 바울을 만나서 위대해졌습니다. 복음에 대한 바울의 열정을 보고, 교회를 개척하고 세우는 바울의 비전에 동참하면서 그들은 성경에서 가장 아름다운 이름으로 기록될 만큼 위대한 인생을 살게 되었습니다.

이것이 복음의 능력이고, 하나님께서 교회에 주신 놀라운 비전에 동참하는 사람에게 일어나는 일입니다. 하나님께서는 여러분 각자에게 독특한 은사를 주시고, 거기에 맞는 비전을 주셨을 것입니다. 그러나 일차적으로 그 비전은 교회를 통해 이루어집니다. 그러므로 여러분이 자신에 대한 비전을 찾을 때 너무 현실 사회와 동떨어진 데서 비전을 찾지 마시기 바랍니다. 여러분의 비전은 일차적으로 몸 담고 있는 교회를 통해 찾을 수 있습니다. 그러므로 자신이 가진 은사와 재능으로 교회를 어떻게 섬길 것인가를 고민하십시오. 그렇게 될 때 여러분의 인생은 위대해집니다.

기독교 역사를 살펴보면 하나님은 언제나 교회를 중심으로 일을 해 오셨습니다. 그러므로 교회를 통해 하나님께서 주신 비전을 이루어 나가는 것이 중요합니다. 성경을 보거나 교회의 역사를 살펴보면 '하나님의 구원사'에는 교회가 언제나 중심을 차지하고 있습니다. 요한계시록에 보면 마지막 주님이 오시는 순간까지 교회는 하나님의 관심의 대상입니다. 성경의 마지막 장인 요한계시록 22장에도 '교회'라는 용어가 나옵니다.

> "나 예수는 교회들을 위하여 내 사자를 보내어 이것들을 너희에게 증언하게 하였노라 나는 다윗의 뿌리요 자손이니 곧 광명한 새벽 별이라 하시더라"(요한계시록 22:16).

이것을 보면 교회는 하나님의 마음의 중심에 있고, 인류 역사의 마지막까지 하나님은 교회에 관심을 가지며, 교회를 통하여 일하시는 것을 알 수 있습니다. 그러므로 여러분도 교회를 사랑하며 교회의 영혼 구원의 비전에 동참할 때 이 세상 그 무엇보다 보람 있고 가치 있는 인생을 살 수 있을 것입니다.

교회가 줄 수 있는 소망

교회가 왜 비전 공동체가 되어야 합니까? 예수 그리스도의 복음 외에는 소망이 없기 때문입니다. 여러분, 솔직히 말해 봅시다. 이 세상에 소망이 있습니까? 저는 전혀 없다고 봅니다. 물론 작은 소망들은 충분히 있습니다. 결혼을 앞둔 신랑 신부가 갖는 소망이 있을 것입니다. 이제 드디어 사랑하는 사람과 함께 살게 되었다는 사실로 인해 느끼는 벅찬 소망이 있을 것입니다. 그러나 그것이 영원할까요?

차를 새로 사거나 집을 새로 살 때 소망이 있습니다. 내가 원했던 것을 소유하게 되었으니 마음에 뿌듯함이 있을 것입니다. 그러나 그것이 나에게 영원한 행복을 보장해 줄까요? 내가 죽음 앞에 설 때 나의 새 집이나 새 차가 나에게 진정한 소망이 될 수 있을까요?

인생의 궁극적인 질문 앞에서는 이 세상의 그 어떤 것도 진정한 소망을 주지 못합니다. 죽음은 모든 것을 삼키는 힘이 있기 때문입니다. 그러나 교회는 죽음 앞에서도 소망을 줄 수 있습니다. 교회에는 예수 그리스도가 계시기 때문입니다. 예수님 안에 영생이 있기 때문입니다.

"또 증거는 이것이니 하나님이 우리에게 영생을 주신 것과 이 생명이 그의 아들 안에 있는 그것이니라"(요한일서 5:11).

하나님의 아들이신 예수 그리스도 안에 영원한 생명이 있다고 이야기합니다. 예수님 외에 그 누가 인간에게 이러한 영생의 약속을 줄 수 있겠습니까? 그런데 문제는 이 중요한 인생의 소망인 예수 그리스도에 대해 알지 못하는 사람이 너무나 많다는 것입니다.

그러나 이것은 동시에 그만큼 전도할 대상자가 많다는 의미이기도 합니다. 하나님께서는 이미 예수 그리스도의 생명이 들어가 있는 복음을 우리에게 주셨습니다. 그러므로 이 복음을 싹틔워 다른 사람들에게 전해야 합니다. 성경은 하나님의 말씀이 '씨'라고 이야기합니다.

> "너희가 거듭난 것은 썩어질 씨로 된 것이 아니요 썩지 아니할 씨로 된 것이니 살아 있고 항상 있는 하나님의 말씀으로 되었느니라"(베드로전서 1:23).

우리 손에 들려진 이 복음은 생명의 씨입니다. 이 씨앗에는 엄청난 잠재력이 있습니다. 예수 그리스로부터 시작된 복음의 씨앗이 헌신된 제자들과 만나니까 놀랍게 싹을 틔웠습니다. 그리하여 지금은 전 세계 수십억의 사람들에게 이 복음이 전해지게 되었습니다. 그리고 이제 저와 여러분에게까지 전해지게 되었습니다.

주어진 복음의 씨로부터 싹을 틔우기 위해서는 먼저 예수 그리스도의 복음이 가지고 있는 생명력에 대해 눈을 떠야 합니다.

그리고 이 복음의 생명을 최대한 많은 사람과 나누고자 하는 비전을 품어야 합니다. 이를 위해서 단순히 교회 안에만 머물러 있어서는 안 되고 복음을 들고 세상 속으로 나가야 합니다. 대니 레만(Danny Lehmann)은 이런 말을 했습니다.

"'가라'(GO)는 성경에 나오는 가장 위대하고 간단한 단어이다. 이 단어는 신구약에 1,492번이나 언급되었다."[11]

'가라'라는 말이 성경에 이토록 많이 나온다는 사실이 놀랍습니다. 성경은 우리가 복음을 들고 잃어버린 영혼에게 나아가기를 원합니다. 이를 위해 우리는 먼저 영혼 구원에 대한 비전에 사로잡혀야 합니다. 그것이 삶의 이유가 되고 목적이 되어야 합니다. 여러분의 삶이 왜 이렇게 힘들고 고단합니까? 삶의 진정한 목적과 비전을 발견하지 못했기 때문입니다. 하나님의 비전을 붙잡고 그 비전에 붙들려 살아보십시오. 여러분의 인생이 찬란하게 빛날 것입니다.

교회는 사교 클럽이 아닙니다. 영혼 구원의 목적을 위해 존재하는 것입니다. 전 세계 모든 민족에게 예수 그리스도의 복음을 증거하는 이 사명과 비전을 이루기 위해 존재하는 것입니다. 이 비전이 너무나 중요한 것은 복음이 없는 사람들은 모두 멸망의 길로 가기 때문입니다.

이 사실을 생각할 때 교회의 사명과 말씀 증거하는 자로서의 그리스도인의 사명에 대해 결코 쉽게 생각할 수 없습니다. 리처드 백스터(Richard Baxter)는 설교자로서의 자신의 심정을 다음과 같이 말했습니다.

"내게 주어진 얼마 남지 않은 날들을 생각하면 영혼을 구하고픈 나의 마음은 더욱 간절해지네. 나는 다시는 설교할 수 없을 것처럼 설교하고 죽어가는 사람이 죽어가는 사람에게 하듯 설교하였네. 아, 설교자는 사람들의 회개를 얼마나 갈망해야 하는가. 교회가 무덤과 얼마나 가까운지를 보게 되고, 설교하고 듣는 동안에도 우리는 죽음을 맞이하고, 끝없는 영원 속으로 순식간에 사라져 가는데."[12]

기억하십시오. 교회는 비전 공동체입니다. 이 비전은 예수 그리스도의 복음으로 죽어가는 영혼을 살리는 비전입니다. 그러므로 교회가 이러한 비전을 중심에 두고 모일 때 거기에 하나님의 능력이 나타나게 됩니다. 그리고 교회 구성원들 가운데 이러한 비전을 이해하고 동참하는 사람들이 많아질 때 그 교회는 더욱 건강한 교회가 될 수 있을 것입니다.

"우리는 교회를 너무 인간 중심적으로 생각해서는 안 됩니다. 교회는 인간의 필요를 충족시키기 위해 만들어진 것이 아니라, 하나님의 영광을 위해 하나님이 친히 만드신 것입니다." _ 제임스 몽고메리 보이스

10

교회는
예배 공동체이다

예배의 중요성

교회는 예배 공동체입니다. 성경 이사야서에서 하나님께서는 다음과 같이 말씀하셨습니다.

"이 백성은 내가 나를 위하여 지었나니 나를 찬송하게 하려 함이니라"(이사야 43:21).

하나님은 당신의 백성을 지으신 목적을 분명하게 밝히셨습니다. '하나님을 찬송하게 하려고' 이 백성을 지었다고 이야기하십니다. 다른 말로 하면 '하나님을 예배하는 자'로서 그들을 만드셨다는 것입니다. 이것이 인간의 창조 목적입니다. 우리는 하나님을 예배하는 자로 지음을 받은 것입니다. A. W. 토저는 다음과 같이 말했습니다.

"사랑하는 하나님을 예배하는 것은 인간이 존재하는 이유의 전부다. 그것은 우리가 태어난 이유이며, 또한 우리가 위로부터 거듭나는 이유이다. 그것은 우리가 창조된 이유이자, 우리가 재창조된 이유이다. 태초에 창세기(genesis)가 있었던 이유이며, 중생(regeneration)이라 불리는 새로운 창세기(re-genesis)가 존재하는 이유이다. 그것은 또한 교회가 존재하는 이유이다. 그리스도의 교회는 무엇보다 하나님을 예배하기 위해 존재한다. 다른 모든 것은 그 다음이 되어야 한다."[13]

하나님이 인간을 창조하신 목적이 하나님을 예배하기 위함이지만, 하나님을 잘 모르는 사람은 옳은 예배를 드릴 수 없습니다. 사람들은 하나님이 부어주신 예배에 대한 사모함이 있기에 하나님이 아닌 다른 것이라도 열심히 예배하고 섬깁니다. 그래서 인간은 아프리카 오지에 가더라도 신을 섬긴 흔적이 있습니다. 하지만 하나님을 모르면 엉뚱한 것을 섬기게 됩니다.

성경에, 예수님의 발치에 앉아 말씀을 듣던 마리아가 있습니다. 마리아는 참된 예배자의 모형입니다. 그래서 예수님은 마리아를 칭찬하셨습니다. 그러나 하나님이 더 큰 영광을 받으시는 예배는 하나님의 사람들이 함께 모여 한목소리로 찬양하며 드리는 예배입니다. 이러한 예배의 모습이 요한계시록에 나옵니다.

"이 일 후에 내가 보니 각 나라와 족속과 백성과 방언에서 아무도 능히 셀 수 없는 큰 무리가 나와 흰 옷을 입고 손에 종려 가지를 들고 보좌 앞과 어린 양 앞에 서서 큰 소리로 외쳐 이르되 구원하심이 보좌에 앉으신 우리 하나님과 어린 양에게 있도다 하니 모든 천사가 보좌와 장로들과 네 생물의 주위에 서 있다가 보좌 앞에 엎드려 얼굴을 대고 하나님께 경배하여 이르되 아멘 찬송과 영광과 지혜와 감사와 존귀와 권능과 힘이 우리 하나님께 세세토록 있을지어다 아멘 하더라"(요한계시록 7:9-12).

이 얼마나 영광스럽고 아름다운 모습입니까? 하나님의 사람들이 '하나님의 이름에 합당한 영광을 돌리며' 거룩한 모습으로 예배하는 것은 그 자체로 하나님께 큰 영광이 됩니다. 그래서 하나님은 우리에게 교회를 주시고 함께 예배하며 하나님께 영광을 돌리게 하셨습니다. 그래서 믿는 사람에게 예배는 의무이자 명령입니다. 시편 말씀을 보겠습니다.

"여호와께 그의 이름에 합당한 영광을 돌리며 거룩한 옷을 입고 여호와께 예배할지어다"(시편 29:2).

물론 우리는 어디서나 예배를 드릴 수 있습니다. 그러나 성경을 보면 하나님이 누군가를 만날 때 특별히 장소를 구분해서 만나시는 경우가 있습니다. 야곱은 에서의 낯을 피해 도망가다가 '벧엘'에서 하나님이 자신을 만나 주시는 꿈을 꾸었습니다. 그때 야곱은 이렇게 고백합니다.

"야곱이 잠이 깨어 이르되 여호와께서 과연 여기 계시거늘 내가 알지 못하였도다"(창세기 28:16).

잠에서 깬 야곱은 자신이 있던 곳이 여호와를 만날 수 있는 장소이기에 '하나님의 집'이요 '하늘의 문'이라고 생각하여 자신이 베고 자던 돌에 기름을 붓고 그곳의 지명을 '벧엘'이라고 하였습니다. 이후 '벧엘'은 하나님을 만나는 특별한 장소가 되었습니다.

하나님은 온 천하에 계시지만 그래도 하나님이 당신의 백성을 만나 주시는 특별한 장소가 있습니다. 하나님은 어디서든 기도를 들으시지만, 특별히 하나님의 백성이 구별된 장소에서 함께 올려 드리는 기도를 더 기쁘게 받으십니다. 왜냐하면 아버지의 집은 '만민이 기도하는 집'(마가복음 11:17)이기 때문입니다.

하나님은 이 땅에서 하나님을 몰랐던 사람들이 하나님께 예배하는 자로 바뀔 때 가장 큰 영광을 받으십니다. 사실상 예수님께서 이 땅에 오신 목적도 하나님께 반역하는 자들을 하나님께 예배하는 자들로 바꾸기 위함이었습니다. 예수님의 희생과 헌신 덕분에 이 땅에 하나님을 대적하던 수많은 죄인이 하나님을 진심으로 찬양하고 섬기는 예배자로 바뀌었습니다.

이러한 일들이 바로 하나님께 가장 큰 영광을 돌리는 일입니다. 그러므로 우리가 주를 섬기는 것, 복음을 전하는 것, 전도하고 선교하는 것의 최종적인 목표는 바로 이 일을 이루기 위함입니다. 존 파이퍼(John Piper)는 '선교의 목표는 열방이 하나님의 위대하심을 보고 기뻐하게 하는 것'이라고 하면서 다음과 같이 말했습니다.

"선교는 교회의 궁극적인 목표가 아니다. 예배가 그 목표다. 예배가 없기 때문에 선교가 필요한 것이다. 궁극적인 목표는 선교가 아니라 예배다. 왜냐하면 궁극적인 존재는 사람이 아니라 하나님이기 때문이다. 이 시대가 끝나고 구속받은 셀 수 없이 많은 이들이 하나님의 보좌 앞에서 머리를 조아리게 될 때 선교는 더 이상 존재하지 않을 것이다. 이는 일시적으로 필요한 것일 뿐이다. 그러나 예배는 영원히 남는다."[14]

하나님이 받으시는 예배

성경에는 가인과 아벨의 이야기가 나옵니다. 그런데 성경은 하나님께서 아벨의 제사는 받으시고 가인의 제사는 받지 않으셨다고 이야기합니다. 이것은 대단히 충격적인 이야기입니다. 이 세상에는 하나님께서 받으시는 예배가 있고, 받지 않으시는 예배가 있다는 사실을 알 수 있습니다. 그렇다면 하나님께서 받으시는 예배를 드리기 위해서는 어떻게 해야 할까요? 세 가지를 생각해 보겠습니다.

올바른 대상을 예배해야 합니다.

올바른 대상을 예배해야 그 예배가 받아들여질 수 있습니다. 우리의 예배의 대상은 하나님이십니다. 그러므로 하나님이 누구신지를 제대로 알고 예배를 드려야 합니다. 하나님을 아는 가장 좋은 방법은 성경을 통해 아는 것입니다. 성경에서 하나님은 당신을 이렇게 소개하십니다.

"여호와께서 그의 앞으로 지나시며 선포하시되 여호와라 여호와라 자비롭고 은혜롭고 노하기를 더디하고 인자와 진실이 많은 하나님이라 인자를 천대까지 베풀며 악과 과실과 죄를 용서하리라 그러나 벌을 면제하지는 아니하고 아버지의 악행을 자손 삼사 대까지 보응하리라"(출애굽기 34:6-7).

여기에 보면 하나님은 '자비롭고 은혜롭고 노하기를 더디하고 인자와 진실이 많은 분'이십니다. 하나님은 인자가 얼마나 크신지 '인자를 천대까지 베푸는 분'이시며 '악과 과실과 죄도 용서하시는 분'이십니다. 그러나 동시에 '벌을 면제하지는 않는 분'이시며 '악행을 보응하시는 분'이십니다.

한마디로 말하면 하나님은 '사랑과 공의'가 균형을 이루는 분이십니다. 한없는 사랑을 가지신 분이시지만 또한 죄에 대해서는 분명한 책임을 물으시는 분이십니다. 이외에도 성경에는 하나님이 어떤 성품과 속성을 지니신 분인지 자세하게 설명되어 있습니다. 이러한 사실을 잘 알고 하나님을 예배해야 올바르게 예배할 수 있습니다. 이스라엘 백성의 비극이 무엇입니까? 하나님이 누구신지를 잘 몰랐다는 것입니다. 그래서 호세아 선지자는 이스라엘 백성을 보고 다음과 같이 말했습니다.

"내 백성이 지식이 없으므로 망하는도다"(호세아 4:6).

이렇게 하나님에 대한 지식이 없다 보니 이스라엘 백성은 나

름대로 하나님을 열심히 섬긴다고 하였지만 사실은 하나님이 아닌 다른 우상을 섬기게 되었습니다.

영어로 '예배'(worship)라는 말은 '가치'라는 뜻의 'worth'라는 말과 상태를 뜻하는 접미어 'ship'이 합해져서 'worship'이 되었습니다. 그러므로 예배란 '자신이 가치 있다고 생각하는 것에 최고의 가치를 부여하는 행위'를 의미합니다.

사람들은 자신이 보기에 최고로 중요하다고 생각하는 것에 최고의 가치를 부여하고 그것을 자신의 숭배 대상으로 삼습니다. 그런데 하나님을 제대로 알지 못하면 가장 가치가 있다고 생각하는 것이 '하나님이 아닌 다른 것'이 되고 그것이 내 마음의 중심을 차지하게 됩니다. 그렇게 되면 그것은 우상이 되고 맙니다. 그러나 하나님은 절대로 자신의 영광을 다른 존재에게 주기를 원하지 않습니다.

"나는 여호와이니 이는 내 이름이라 나는 내 영광을 다른 자에게, 내 찬송을 우상에게 주지 아니하리라"(이사야 42:8).

사탄이 가장 원하는 것은 하나님의 자리에서 영광을 받는 것입니다. 그러므로 사탄은 끊임없이 사람들을 속여서 하나님이 아닌 다른 것을 예배하고 경배하게 만듭니다. 그리고 이를 통해 자신이 영광을 받고자 합니다. 헨리 블랙가비와 론 오웬스는 다음과 같이 말합니다.

"하나님이 이 세상을 창조하시기 전에도 예배가 있었습니다. 사실 천사장 루시퍼가 하나님께 반역하여 하나님의 보좌를 전복하려고 한 것은 바로 예배를 둘러싼 환경에서 일어난 것이었습니다. 루시퍼의 반역은 하나님의 보좌에 앉아 하늘의 예배를 받고자 한 것이었으며 이에 많은 천사들이 가담하였습니다. 그들은 결국 패배하여 하늘에서 쫓겨났지만 하나님의 보좌를 빼앗으려는 시도는 거기서 끝나지 않았습니다. 그 후로 사탄과 그의 부하인 마귀들은 하나님의 피조물이 자기를 예배하도록 하기 위해서 싸워왔습니다. 이것이 바로 사탄과 하나님과의 싸움의 핵심입니다. 사탄은 인간의 충성, 즉 예배를 받기 위해 지금도 분투하고 있습니다."[15]

사탄의 유혹에 빠진 인간은 끊임없이 하나님이 아닌 다른 것을 예배하게 됩니다. 물질을 자신의 최고의 자리에 두기도 하고, 성공을 최고의 자리에 두기도 합니다. 이성이나 명예를 최고의 자리에 두는 사람도 있습니다. 그러나 이 모든 것은 잘못된 것을 예배하는 행위입니다. 누군가가 비록 교회에 나왔더라도, 기도하는 내용이 오로지 자신의 성공이나 재물이나 남에게 인정을 받는 것에 초점을 맞추고 있다면 그 사람은 비록 하나님께 예배를 드리고 있더라도 사실은 '자신을 예배하는 것'에 불과합니다.

참된 예배자는 올바른 대상에게 예배합니다. 살아계신 하나님이 어떤 분인지를 알고 성부, 성자, 성령 삼위일체 하나님께 예배합니다. 무엇보다 우리를 위해 이 땅에 와서 십자가를 지신 예수님의 희생과 사랑을 높이고 찬양합니다. 다음은 베드로 사도가 한 말입니다.

"예수를 너희가 보지 못하였으나 사랑하는도다 이제도 보지 못하나 믿고 말할 수 없는 영광스러운 즐거움으로 기뻐하니"(베드로전서 1:8).

예수님이 베푸신 은혜가 얼마나 놀랍고 큰지를 알게 되면 예수님을 사랑하지 않을 수 없고, 예수님으로 인해 기뻐하지 않을 수 없습니다.

올바른 방법으로 예배해야 합니다.
올바른 방법으로 예배드리는 것이 중요합니다. 내가 좋다고 생각하는 방법으로 예배드린다고 하나님이 받으시는 것이 아닙니다. '하나님이 원하시는 방법으로' 예배를 드려야 합니다. 그러므로 우리가 드리는 예배가 어떻게 하면 하나님이 기쁘게 받으시는 예배가 되는지를 알아야 합니다. 예수님은 이미 성경에서 어떻게 예배해야 하는지를 가르쳐 주셨습니다.

> "아버지께 참되게 예배하는 자들은 영과 진리로 예배할 때가 오나니 곧 이 때라 아버지께서는 자기에게 이렇게 예배하는 자들을 찾으시느니라"(요한복음 4:23).

예수님은 '영과 진리로' 예배드려야 한다고 말씀하셨습니다. 여기서 '영과 진리'에 대해서는 두 가지 해석이 있습니다. '영으로' 예배하는 것은 '영적으로' 예배하는 것이고 '진리로' 예배하는 것은 '진실로' 예배하는 것이라는 해석이 있습니다. 육적인 의식의 예배가 아니라 마음의 경배이며, 그럴듯하게 꾸민 예배가 아니라 충심으로 신실하게 드리는 예배가 되어야 한다는 것입니다.[16]

또 하나의 관점은 '영으로' 예배하는 것은 '성령'을 통하여 예배하는 것이고, '진리로' 예배하는 것은 '진리'인 말씀을 근거로

주님을 찬양하고 경배하고 기도해야 한다는 해석입니다.[17]

저는 우리가 하나님께 받아들여지는 예배를 드리기 위해서는 이 두 가지 관점을 다 포함하는 예배를 드려야 한다고 생각합니다. 우리의 마음에서 우러나오는 열정을 가지고 성령 안에서 하나님께 예배드려야 하며, 삼위일체 하나님에 대한 올바른 진리의 말씀에 근거해서 진심으로 하나님을 예배해야 합니다.

오늘날 교회에서 열정이 없는 예배를 드리는 사람들이 많습니다. 나의 영혼이 성령의 역사에 반응하지 않는다면 그것은 올바른 방법으로 드리는 예배가 아닙니다. 또한 교회에서 하나님의 말씀이 제대로 선포되지 않고 인간의 교훈이나 가르침이 전파되면 이 경우에도 하나님이 기뻐하시는 예배가 드려질 수 없습니다. 골로새서 말씀은 모범적인 예배의 모습을 보여줍니다.

"그리스도의 말씀이 너희 속에 풍성히 거하여 모든 지혜로 피차 가르치며 권면하고 시와 찬송과 신령한 노래를 부르며 감사하는 마음으로 하나님을 찬양하고"(골로새서 3:16).

여기에 보면 참된 예배에는 '그리스도의 말씀'이 풍성하게 나타납니다. 그리고 그 말씀에 반응하여 '시와 찬송과 신령한 노래와 하나님께 감사하는 찬양'이 흘러넘칩니다. 이것이 아름다운 예배의 모습입니다. 하나님의 진리의 말씀이 올바로 선포 되어지고, 그 말씀에 반응하여 성령 안에서 온 마음으로 찬양하는 모습이 바로 올바른 방법으로 예배드리는 자의 모습입니다.

올바른 태도로 예배해야 합니다.

올바른 태도로 예배하는 것이 중요합니다. 성경에서 예배라는 단어가 처음 나오는 곳이 창세기 22장입니다. 여기서 예배라는 단어는 히브리어로 '샤차'인데 이 말은 구약에서 170번 사용되었습니다. 이 말은 누군가가 하나님 앞에서 무릎 꿇거나 고개를 숙이거나 땅에 엎드려 있는 모습을 취할 때 사용된 말입니다. 하지만 이 말은 단순히 외적인 태도만을 의미하지는 않습니다. 이 말은 마음과 관련이 있습니다. 즉 예배를 드릴 때는 하나님을 경외하는 태도로 예배를 드려야 함을 보여주는 것입니다.[18]

이것이 바로 예배자의 올바른 태도입니다. 그러므로 우리는 예배드릴 때 겸손한 마음의 자세를 가져야 합니다. 예배를 드릴 때는 내가 무언가를 하나님께 보태 드린다고 생각하면 안 됩니다. 찬양 사역자 매트 레드먼(Matt Redman)은 다음과 같이 말합니다.

"명백한 진리는 이것이다. 하나님께는 절대로 우리의 제사가 필요하지 않다. 사실, 우리가 손을 펼쳐 그분께 드리는 것들은, 그것이 선한 행실이든 십일조이든 어떤 구제 행위이든 그 하나하나가 모두 먼저 그분의 손에서 우리가 받은 것이다. 심지어 우리가 그분께 부르는 찬양의 노래들조차 하나님께서 먼저 우리에게 주신 바로 그 호흡을 사용하여 드리는 것이다."[19]

내가 드리는 예배의 중심이 누구인지를 알아야 합니다. 예배의 중심은 언제나 하나님이 되어야 합니다. 창조주인 하나님께서 우리를 피조물로 만드셨습니다. 그러므로 이 사실에 대해 하나님께 영광을 돌려야 하며, 예수 그리스도를 통해 구원의 선물을 베풀어 주신 하나님의 사랑에 감사해야 합니다. 이것이 예배자의 올바른 태도입니다. 그러므로 예배의 중심은 '내'가 아니라 '하나님'이 되어야 합니다. 론 오웬스(Ron Owens)는 다음과 같이 말합니다.

"우리가 경배하기 위해 올 때, 우리는 보좌로 나아가며 … 그리고 그 외의 모든 것은 보좌를 둘러 제자리에 정렬한다."[20]

실제로 천국의 모습을 보면 그렇게 되어 있습니다. 하나님의 보좌가 있고 장로들이 그 앞에 굽혀 절하고, 천사들이 이를 둘러싸고, 하늘의 만군이 그 좌우편에 모시고 서 있습니다(요한계시록 4:4; 열왕기상 22:19).[21] 성경 여러 곳에서 하나님은 자신이 유일무이한 신이심을 선포하셨습니다.

> "너희는 옛적 일을 기억하라 나는 하나님이라 나 외에 다른 이가 없느니라 나는 하나님이라 나 같은 이가 없느니라"(이사야 46:9).

그러므로 예배자는 하나님에 대한 경외하는 태도를 가져야 합니다. 하나님의 위대하심을 묵상하며 그 앞에서 겸손한 태도를 가져야 합니다. 그리고 하나님을 진심으로 기뻐하고 하나님을 예배하는 것을 진심으로 즐거워해야 합니다. 시편 기자는 예배자의 태도를 다음과 같이 이야기합니다.

> "너희 의인들아 여호와를 기뻐하며 즐거워할지어다 마음이 정직한 너희들아 다 즐거이 외칠지어다"(시편 32:11).

의무감으로 억지로 드리는 예배는 하나님을 기쁘게 하지 못합니다. 우리의 마음 깊은 곳으로부터 흘러나오는 구원의 감격과 은혜가 있어야 합니다. 그럴 때 하나님은 영광을 받으십니다. 그래서 우리는 예배에 나오는 자세부터 고쳐야 합니다. 예배 시간에 맞추어 급하게 오면 안 됩니다. 여유 있게 와서 하나님 앞에 준비된 마음과 자세로 나아가야 합니다.

예배는 토요일 밤부터 시작됩니다. 그 전날 세상의 재미에 푹 빠져 늦게까지 시간을 보내면 주일날 온전한 예배를 드릴 수 없습니다. 토요일 저녁부터 미리 헌금도 준비하고, 잠도 충분히 자고 와서 예배 시간에 졸지 않고 하나님께 집중할 수 있도록 해야 합니다.

예배자의 축복

하나님께서 우리를 예배자로 부르셨다는 것은 우리를 '일꾼'으로 부르시기 전에 '사랑의 대상'으로 부르셨다는 것입니다. 이 얼마나 감사한 일입니까? 하나님은 예배를 통해 우리와 만나기를 원하시며 우리와 교제하기를 원하십니다.

교회는 이 세상에서 가장 영광스러운 공동체입니다. 왜냐하면 이 세상에서 가장 영광스러운 분을 높이고 예배하기 때문입니다. 교회가 이 사실을 깨닫고 하나님을 진심으로 기뻐하며 높일 때 하나님은 교회의 예배를 통해 영광을 받으십니다.

하나님은 이스라엘 백성을 출애굽시키셨습니다. 왜일까요? 하나님은 그들이 노예 상태로 있는 것도 안타까워하셨지만, 무엇보다 그들이 하나님께 참된 예배를 드리지 못하는 것을 가장 안타까워하신 것입니다. 그러므로 그들이 출애굽하여 자유를 얻었다는 것은 그들이 참된 예배를 드릴 수 있는 자유를 얻었다는 것과 같습니다.

그래서 하나님께서는 그들이 애굽에서 나와 시내산에 이르렀을 때 십계명을 주시면서 앞의 세 계명을 모두 하나님을 참되게 예배하는 법에 대한 말씀으로 주신 것입니다. 첫 번째 계명은 '나 외에는 다른 신들을 네게 있게 말라'는 것이고, 두 번째 계명은 '너를 위하여 새긴 우상을 만들지 말라'는 것이며, 세 번째 계명은 '여호와의 이름을 망령되이 일컫지 말라'는 것입니다.

결국 이 모든 것은 올바른 예배와 관계된 것입니다. 하나님께서는 이스라엘 백성이 무엇보다 참된 예배를 드릴 수 있는 백성이 되기를 원했고, 이를 위해 그들을 자유의 몸으로 풀어주신 것입니다.

오늘날도 마찬가지입니다. 하나님께서 예수 그리스도를 통해 우리를 자유롭게 해주신 이유가 무엇입니까? 그것은 세상에 매여 있던 것들로부터 해방되어 하나님을 올바르게 예배하는 참된 예배자가 되라고 구원을 베풀어 주신 것입니다. 그러므로 우리는 힘을 다해 하나님을 예배해야 합니다.

예배는 신령한 하늘의 축복을 이 땅에 전달하는 통로입니다. 땅에 있는 인간이 하늘에 계신 하나님을 만날 수 있는 자리가 바로 예배의 자리입니다. 그러므로 우리는 진정한 예배자로 거듭나야 합니다. 그래야 인생에 진정한 소망이 있습니다.

하나님은 예배자를 찾습니다. 진실된 마음으로 하나님께 예배하는 사람을 찾습니다. 말씀을 통하여 하나님을 제대로 알고, 영적으로 반응하는 사람을 찾습니다. 예수님은 분명히 다음과 같이 말씀하셨습니다.

"아버지께 참되게 예배하는 자들은 영과 진리로 예배할 때가 오나니 곧 이 때라 아버지께서는 자기에게 이렇게 예배하는 자들을 찾으시느니라"(요한복음 4:23).

그렇습니다, 하나님은 무엇보다 참된 예배자를 찾으십니다. A. W. 토저는 다음과 같이 말했습니다.

"우리에게는 하나님을 찾고자 하는 갈망이 있다. 그러나 우리만이 갈망을 가지고 있는 것은 아니다. 하나님도 갈망을 가지고 계신다. 그 갈망이란 하나님을 다른 어떤 것보다 더 높이겠다고 영원히 결단하는 자들을 찾으시는 갈망이다. 그분은 이런 사람들을 땅과 바다의 모든 보화보다 더 소중히 여기신다."[22]

그렇다면 하나님은 왜 이러한 사람을 찾으실까요? 그 사람을 축복하기 위해서입니다. 그리고 그 사람을 통해 하나님의 뜻을 이루기 위해서입니다. 구약성경에 보면 다윗이 바로 참된 예배자였습니다. 그는 늘 하나님을 사모했습니다. 몸과 마음을 다해 하나님을 갈망하고 하나님 앞에서 예배자로 서기 위해 노력했습니다. 다음은 시편에 나오는 그의 고백입니다.

"내가 여호와께 바라는 한 가지 일 그것을 구하리니 곧 내가 내 평생에 여호와의 집에 살면서 여호와의 아름다움을 바라보며 그의 성전에서 사모하는 그것이라"(시편 27:4).

이러한 다윗을 향해 하나님은 '내 마음에 맞는 사람'이라고 했습니다. 그리고 그를 통해 하나님의 뜻을 이루겠다고 말씀하셨습니다.

"폐하시고 다윗을 왕으로 세우시고 증언하여 이르시되 내가 이새의 아들 다윗을 만나니 내 마음에 맞는 사람이라 내 뜻을 다 이루리라 하시더니"(사도행전 13:22).

결국 다윗의 가문을 통하여 메시아이신 예수 그리스도가 탄생했습니다. 그리고 지금도 다윗의 이름은 수많은 사람에게 존귀한 이름으로 기억되고 있습니다. 이것이 바로 참된 예배자가 누리는 축복입니다.

그러므로 여러분은 다른 무엇보다 하나님 앞에서 참된 예배자가 되어야 합니다. 진심으로 하나님을 사랑하며 하나님을 최고로 높이는 예배자가 되어야 합니다. 하나님은 그러한 사람을 반드시 축복하시고 그를 통하여 그가 출석하는 교회를 거룩한 예배 공동체로 세우실 것입니다.

"하나님이 세상에서 가장 받기를 원하시는 것은 우리의 마음이다."
_ 플로이드 맥클링

나가는 말

　　　　　　　　　　　부족함이 많은 사람이 감히 교회에 대한 책을 쓰게 되었습니다. 고등학교 때 교회에 첫발을 내디디던 순간부터 저에게는 '교회란 무엇인가'에 대한 고민이 있었습니다.

저는 복음을 제대로 가르치지 않는 교회에도 다녀 보았고, 예수 그리스도의 참된 복음을 소리 높여 증거하는 교회에도 다녀 보았습니다. 교회를 섬기며 사람들에게 많은 실망을 하기도 하였고, 또한 주님의 몸 된 교회를 통하여 넘치는 사랑을 받기도 하였습니다.

미국 유학을 가서도 참된 교회는 어떠한 모습이어야 하는가에 대한 고민을 많이 하였습니다. 그리하여 마음에 꿈꾸던 교회를 세우려고 개척하였습니다. 아무것도 준비된 것이 없이 시작한 개척이라 참으로 힘이 들고 어려웠습니다. 그 과정에서 개척 교회에 찾아오는 온갖 시험도 다 겪어 보았습니다.

저희 교회는 청년들이 중심이 된 교회라서 일반 지역 교회하고는 성격이 좀 다릅니다. 그래서 지역보다는 사람에게 초점을 맞추는 교회입니다. 이 과정에서 영적 제자를 키우기 위해 오랫동안 많은 정성을 쏟았는데, 아무래도 청년들인지라 어느 정도 성장해서는 직장 때문이나 결혼, 유학 등으로 인해 어쩔 수 없이 교회를 떠나는 경우가 종종 있었습니다. 그럴 때는 마음이 많이 힘들었습니다.

그래서 어느날 이 부분을 놓고 하나님께 기도하였습니다. "하나님, 저희들이 열심히 영혼들을 섬겼는데 청년들이 키워 놓으면 나가는 경우가 있어서 힘이 듭니다." 이렇게 기도를 하였더니 하나님께서 제 마음에 "그래도 하나님 나라는 확장되고 있지 않니"라고 말씀해 주셨습니다.

이 말씀이 저에게는 많은 위로가 되었습니다. 그러고 보니 저희 교회 왔다가 시험이 들어서 나간 경우는 거의 없고 대부분 구원을 받고 믿음이 좋아져서 나갔으니, 그들이 어디 가더라도 자신이 속한 자리에서 교회를 열심히 섬기는 경우가 많았습니다.

그렇다면 이것은 하나님 보시기에는 손해가 아니라 하나님의 나라가 확장되는 것이었습니다. 이 사실을 깨닫고부터 저는 저희 교회만 보지 않고 한국 교회 전체를 보게 되었고, 더 나아가 전 세계 교회를 하나님 나라의 관점으로 보게 되었습니다.

이 땅에 있는 모든 교회는 너무나 소중합니다. 그 이유는 모든 교회는 그리스도 몸의 한 부분으로 존재하고 있기 때문입니다. 또한 언젠가 천국에 가면 이 세상에 존재하는 모든 교회가 주님의 보좌 앞에서 하나의 교회로 주님을 찬양할 것이기 때문입니다.

그 가슴 벅찬 날을 기대하며 이 책을 내어 놓습니다. 특별히 이 땅에 하나님의 나라가 임하게 하기 위해 이름없이 빛도 없이 맡은 자리에서 최선을 다해 교회를 섬기시는 목사님과 사모님들을 기억하며 이 책을 내어 놓습니다. 부족한 책이 귀한 사역자님들에게 조금이나마 격려가 되기를 소망합니다.

미주

1 Michael J. Kruger, 'The Sufficiency of Scripture in Apologetics', *The Master's Seminary Journal* (Vol. 12, No. 1), Spring 2001, p.73.
2 마이크 어, 『교회, 하늘을 땅으로 가져오다』, 송영의 역 (국제제자훈련원, 2010), p.96.
3 이덕주, 『한국교회 처음 이야기』 (홍성사, 2006), pp.120-123.
4 이동원, 『우리가 사모하는 푸른 목장』 (두란노, 2004), pp.102-103.
5 "삼나무 뿌리의 지혜", 『따뜻한 하루』 (따뜻한 감성편지 2416호).
6 싱클레어 퍼거슨, 『우리가 교회다』, 전광규 역 (생명의말씀사, 2021), p.173.
7 존 파이프, 『하나님을 기뻐하라』, 박대영 역 (생명의말씀사, 2009), p.279.
8 카일 아이들먼, 『팬인가, 제자인가』, 정성묵 역 (두란노, 2017), p.187.
9 David Laing, *Works of John Knox*, ed., vol.3 (Edinburgh, 1895), p.215.
10 싱클레어 퍼거슨, 『우리가 교회다』, 전광규 역 (생명의말씀사, 2021), p.294.
11 대니 레만, 『영혼을 향한 타오르는 열정』, 정문욱 역 (예수전도단, 2004), p.16.

12 Richard Baxter, *Poetical Fragments* (1681: Gregg International Publishers, 1971), p. 39f, John R. W. Stott, *I believe in Preaching* (Hodder and Stoughton, 1962), p.277에서 인용함.『설교의 능력』, C. H. 스펄전.
13 A. W. 토저,『예배 WORSHIP』, 유정희 역 (규장, 2019), P.8.
14 존 파이퍼,『열방을 향해 가라』, 김대영 역 (좋은씨앗, 2018), p.19.
15 헨리 블랙가비, 론 오웬스,『예배에서 하나님을 경험하는 삶』, 서진영 역 (요단출판사, 2010), p.14.
16 아더 핑크,『요한복음 강해』, 지상우 역 (크리스천다이제스트, 2015), p.208.
17 송병현,『엑스포지멘터리 요한복음 1』(EM, 2022), p.223.
18 헨리 블랙가비, 론 오웬스,『예배에서 하나님을 경험하는 삶』, 서진영 역 (요단출판사, 2010), pp.25-26.
19 매트 레드먼,『엎드림』, 홍순원 역 (죠이선교회출판부, 2006), p.40.
20 Ron Owens, *Return to Worship* (Broadman & Holman, 1999), p.53.
21 매트 레드먼,『엎드림』, 홍순원 역 (죠이선교회출판부, 2006), p.24.
22 A. W. 토저,『예배인가 쇼인가!』, 이용복 역 (규장, 2004), P.53.